Einfache Dänisch Kurzgeschichten

Kurzgeschichten auf Dänisch für Anfänger

Anker Hansen

Inhalt

Einführung

Das Lesen in einer Fremdsprache ist eine der effektivsten Möglichkeiten, um die Sprachkenntnisse zu verbessern und den Wortschatz zu erweitern. Allerdings kann es manchmal schwierig sein, ansprechendes Lesematerial auf einem angemessenen Niveau zu finden, das Erfolgserlebnisse und ein Gefühl des Fortschritts vermittelt. Die meisten Bücher und Artikel, die für Muttersprachler geschrieben wurden, sind zu lang und schwer zu verstehen oder haben einen sehr hohen Wortschatz, so dass Sie sich überfordert fühlen und aufgeben. Wenn Ihnen diese Probleme bekannt vorkommen, dann ist dieses Buch genau das Richtige für Sie!

Einfache Dänisch Kurzgeschichten ist eine Sammlung von 25 unkonventionellen und unterhaltsamen Kurzgeschichten, die Anfängern und Mittelstufenschülern helfen sollen, ihre Sprachkenntnisse zu verbessern Dänisch.
Diese Kurzgeschichten schaffen eine förderliche Leseumgebung;

- Reichhaltiger sprachlicher Inhalt in verschiedenen Genres, um Sie zu unterhalten und Ihnen eine Vielzahl von Wortformen zu vermitteln.
- Kürzere Geschichten in Kapiteln, damit Sie die Freude haben, die Geschichten zu beenden und schnell voranzukommen.
- Texte, die auf Ihrem Niveau geschrieben sind, so dass sie leichter zu verstehen sind und Sie nicht überwältigen.
- Die deutsche Übersetzung befindet sich auf abwechselnden Seiten, so dass Sie beim Lesen der

Dänisch Geschichte direkt Zeile für Zeile nachschlagen können.

- Die wichtigsten Vokabeln sind in der Geschichte und in der Übersetzung fett gedruckt, damit Sie unbekannte Wörter besser verstehen.
- Verständnisfragen, um zu prüfen, ob Sie die wichtigsten Ereignisse verstanden haben, und um Sie anzuregen, genauer zu lesen.

Egal, ob Sie Ihren Wortschatz erweitern, Ihr Verständnis verbessern oder einfach nur zum Spaß lesen wollen, dieses Buch ist der größte Schritt nach vorn, den Sie in diesem Jahr in Ihrem Studium machen werden. Dieses Buch gibt dir alle Unterstützung, die du brauchst. Also lehnen Sie sich zurück, entspannen Sie sich und lassen Sie Ihrer Fantasie freien Lauf, während Sie in eine magische Welt voller Abenteuer, Geheimnisse und Intrigen entführt werden - auf Dänisch!

Wie man dieses Buch benutzt

Lesen ist ein schwer zu beherrschendes Talent. Wir nutzen eine Reihe von Mikrofähigkeiten, um in unserer Muttersprache zu lesen. Zum Beispiel können wir einen Text überfliegen, um ein grobes Verständnis für den Inhalt zu bekommen. Oder wir durchforsten zahlreiche Seiten eines Zugfahrplans auf der Suche nach einer bestimmten Zeit oder einem bestimmten Ort. Während diese Mikrofertigkeiten beim Lesen in unserer Muttersprache zur zweiten Natur geworden sind, zeigen Untersuchungen, dass wir die meisten davon beim Lesen in einer Fremdsprache vergessen. Wenn wir eine Fremdsprache lernen, beginnen wir normalerweise am Anfang eines Textes und arbeiten uns durch ihn hindurch, wobei wir versuchen, jedes einzelne Wort zu verstehen. Dabei stoßen wir unweigerlich auf unbekannte oder komplexe Begriffe und ärgern uns, dass wir sie nicht verstehen können.

Einer der größten Vorteile des Lesens in einer Fremdsprache besteht darin, dass man eine große Anzahl von Redewendungen und Ausdrücken kennenlernt, die in Alltagssituationen verwendet werden. Extensives Lesen ist ein Begriff, der das Lesen zum Vergnügen beschreibt, um eine Sprache zu lernen. Es ist nicht mit dem Lesen eines Lehrbuchs zu vergleichen, bei dem Gespräche oder Texte langsam und aufmerksam gelesen werden sollen, um jedes Wort zu verstehen. "Intensives Lesen" bezieht sich auf das Lesen, um bestimmte Lernziele zu erreichen oder Aufgaben zu erfüllen.

Einfache Dänisch Kurzgeschichten bietet Ihnen die

Möglichkeit, mehr über den natürlichen Dänisch Sprachgebrauch zu erfahren, auch wenn Sie Ihre Reise zum Sprachenlernen vielleicht nur mit Lehrbüchern begonnen haben. Im Folgenden finden Sie einige Hinweise, die Sie beim Lesen der Geschichten in diesem Buch beachten sollten, um das Beste aus ihnen herauszuholen: Wenn es um das Lesen geht, sind Spaß und Erfolgserlebnisse entscheidend. Man kommt immer wieder zurück, weil man Spaß an dem hat, was man liest. Jede Geschichte von Anfang bis Ende zu lesen, ist die beste Methode, um das Lesen von Geschichten zu genießen und das Gefühl zu haben, etwas erreicht zu haben. Das Wichtigste ist also, zum Ende einer Geschichte zu gelangen. Das ist sogar noch wichtiger, als jedes einzelne Wort zu kennen.

Je mehr Sie lesen, desto mehr Wissen werden Sie erwerben. Wenn du größere Bücher zum Vergnügen liest, wirst du schnell wissen, wie Dänisch funktioniert. Denken Sie jedoch daran, dass Sie zuerst ein ausreichend großes Buch lesen müssen, um den vollen Nutzen aus einer umfangreichen Lektüre zu ziehen. Wenn Sie hier und da ein paar Seiten lesen, lernen Sie vielleicht ein paar neue Wörter, aber das wird keinen wesentlichen Unterschied in Ihrem Gesamtniveau von Dänisch machen.

Akzeptieren Sie die Tatsache, dass Sie nicht alles verstehen werden, was Sie in einem Roman lesen. Dies ist zweifellos der wichtigste Punkt! Denken Sie immer daran, dass es völlig in Ordnung ist, nicht alle Wörter oder Sätze zu verstehen. Das bedeutet nicht, dass Ihre Sprachkenntnisse unzureichend sind oder dass Sie eine schlechte Leistung erbringen. Es zeigt, dass Sie aktiv am Lernprozess beteiligt sind.

Leitfaden zum Lesen

Es ist am besten, wenn Sie für jedes Kapitel der Geschichten diesen einfachen sechsstufigen Leseprozess befolgen:

1. Lesen Sie den Titel des Kapitels. Überlegen Sie, worum es in der Geschichte gehen könnte. Lesen Sie dann die Geschichte ganz durch. Ihr Ziel ist es einfach, das Ende der Geschichte zu erreichen. Halten Sie also nicht an, um Wörter nachzuschlagen, und machen Sie sich keine Sorgen, wenn Sie etwas nicht verstehen. Versuchen Sie einfach, der Handlung zu folgen.

2. Wenn Sie das Ende der Geschichte erreicht haben, lesen Sie die deutsche Übersetzung durch, um zu sehen, ob Sie verstanden haben, was passiert ist, und nehmen Sie jeden Kontext auf, den Sie vielleicht verpasst haben.

3. Gehen Sie zurück und lesen Sie die gleiche Geschichte noch einmal. Wenn Sie möchten, können Sie sich mehr auf die Details der Geschichte konzentrieren als zuvor, aber ansonsten lesen Sie sie einfach noch einmal durch.

4. Gehen Sie anschließend die Verständnisfragen in Dänisch durch, um zu überprüfen, ob Sie die Schlüsselereignisse der Geschichte verstanden haben. Wenn Sie die Fragen nicht ganz verstehen, machen Sie sich keine Sorgen. Nutzen Sie Ihr Wissen, um so gut wie möglich zu antworten.

5. Zu diesem Zeitpunkt sollten Sie die wichtigsten Ereignisse des Kapitels einigermaßen verstanden haben. Falls nicht, sollten Sie das Kapitel einige Male anhand der Übersetzung lesen, um unbekannte Wörter und Sätze zu

überprüfen, bis Sie sich sicher fühlen.

Sobald Sie bereit sind und sicher sind, dass Sie verstanden haben, was passiert ist - egal, ob Sie die Geschichte einmal oder mehrmals gelesen haben - gehen Sie zur nächsten Geschichte über und lesen Sie die Geschichte in Ihrem eigenen Tempo weiter, so wie Sie es mit jedem anderen Buch tun würden.

Erst wenn Sie eine Geschichte vollständig gelesen haben, sollten Sie zurückgehen und die Sprache der Geschichte vertiefen, wenn Sie das möchten. Anstatt sich Sorgen zu machen, ob Sie alles verstanden haben, sollten Sie sich die Zeit nehmen, sich auf das zu konzentrieren, was Sie verstanden haben, und sich selbst zu dem beglückwünschen, was Sie geschafft haben.

Einfache Dänische Kurzgeschichten

Anker Hansen

Nat i København

Natten var ung, og det var vi også. Vi var lige ankommet til **København og** var klar til at udforske. Vi gik rundt i byen og tog imod seværdighederne og lydene fra dette nye sted. Luften var kold, men det gjorde os ikke noget. Vi var for begejstrede til at bekymre os om det. Vi **faldt** over en bar og besluttede os for at gå indenfor. Det var hyggeligt og varmt indenfor, og der brændte en ild i pejsen. Vi bestilte nogle **drinks og satte os** ved ilden for at slappe af. Mens vi **nippede til** vores drinks, kiggede vi på folk og talte om alle de ting, vi ville lave, mens vi var i byen. Der var så meget at se og gøre, at det var svært at vide, hvor vi skulle begynde! **Til sidst**, trætte af at have gået (og drukket), **besluttede** vi **os for** at gå hjem. Vi gik tilbage til vores hotelværelse og **fnisede** som skolepiger over alle de eventyr, der ventede os under vores ophold i København.

Den næste dag vågnede vi tidligt og besluttede at tage på gaden igen. Vi gik rundt i et stykke tid og stoppede i butikker og på caféer undervejs. Vi købte nogle **souvenirs** til vores venner derhjemme og **smagte på** nogle af de lokale retter. Om eftermiddagen tog vi på en bådtur rundt i byen. Det var så smukt! Solen skinnede, og vi fik set alle seværdighederne fra vandet.

Nacht in Kopenhagen

Die Nacht war noch jung, und wir waren es auch. Wir waren gerade in **Kopenhagen** angekommen und bereit, die Stadt zu erkunden. Wir spazierten durch die Stadt und nahmen die Sehenswürdigkeiten und Geräusche dieses neuen Ortes in uns auf. Die Luft war kalt, aber das machte uns nichts aus. Wir waren zu aufgeregt, um uns darum zu kümmern. Wir **stießen** auf eine Bar und beschlossen, hineinzugehen. Drinnen war es gemütlich und warm, und im Kamin brannte ein Feuer. Wir bestellten einige **Getränke** und setzten uns ans Feuer, um uns zu entspannen. Während wir **an** unseren Getränken **nippten**, schauten wir uns die Leute an und sprachen über all die Dinge, die wir während unseres Aufenthalts in der Stadt unternehmen wollten. Es gab so viel zu sehen und zu tun, dass wir gar nicht wussten, wo wir anfangen sollten! **Schließlich**, müde vom vielen Laufen (und Trinken), **beschlossen** wir, Feierabend zu machen. Wir machten uns auf den Weg zurück in unser Hotelzimmer und **kicherten** wie Schulmädchen über all die Abenteuer, die uns während unseres Aufenthalts in Kopenhagen erwarteten.

Am nächsten Tag wachten wir in aller Frühe auf und beschlossen, wieder auf die Straße zu gehen. Wir liefen

Bagefter gik vi rundt lidt mere og tog alting ind. Da det begyndte at blive mørkt, befandt vi os i Tivoli **Gardens - en** forlystelsespark lige midt i hjertet af København! Vi kørte i nogle forlystelser, spillede nogle spil og spiste masser af junkfood, inden vi endelig **tog** tilbage til vores hotelværelse igen. På vores sidste dag i **København** ville vi sikre os, at vi så alt det, som vi ikke havde nået at se endnu. Vi startede med at besøge statuen Den Lille **Havfrue -** et af Københavns mest berømte vartegn. Derefter gik turen til Rosenborg Slot, inden vi tog over til Christiansborg Slot (hvor det danske parlament har sæde).

eine Weile herum und hielten unterwegs in Geschäften und Cafés an. Wir kauften einige **Souvenirs** für unsere Freunde zu Hause und **probierten die** lokale Küche. Am Nachmittag machten wir eine Bootstour durch die Stadt. Es war so schön! Die Sonne schien und wir konnten alle Sehenswürdigkeiten vom Wasser aus sehen. Danach spazierten wir noch ein wenig herum und nahmen alles in uns auf. Als es dunkel wurde, waren wir in den **Tivoli-Gärten, einem** Vergnügungspark mitten in Kopenhagen! Wir fuhren mit einigen Fahrgeschäften, spielten ein paar Spiele und aßen jede Menge Junkfood, bevor wir uns wieder auf den Weg zurück in unser Hotelzimmer machten. An unserem letzten Tag in **Kopenhagen** wollten wir alles sehen, wofür wir noch keine Zeit gehabt hatten. Zuerst besuchten wir die Statue der kleinen **Meerjungfrau** - eines der berühmtesten Wahrzeichen Kopenhagens. Dann ging es weiter zum Schloss Rosenborg, bevor wir zum Schloss Christiansborg (dem Sitz des dänischen Parlaments) fuhren.

Comprehension Questions

1. Hvad er hovedpersonens første tanker, da han ankommer til København?

2. Hvor tager hovedpersonen og deres ledsager hen efter at have forladt deres hotelværelse?
første aften?

3. Hvad laver hovedpersonen på den anden dag i København?

4. Hvorfor er Tivoli en passende aktivitet for hovedpersonen på deres tredje aften i København?

5. Hvordan føler hovedpersonen sig ved slutningen af rejsen?

6. Hvad er hovedpersonens favorit ved København?

7. Hvad synes hovedpersonen om maden i København?

Fragen zum Verständnis

1. Was sind die ersten Gedanken des Protagonisten bei seiner Ankunft in Kopenhagen?

2. Wohin gehen der Protagonist und sein Begleiter, nachdem sie ihr Hotelzimmer verlassen haben?
erste Nacht?

3. Was macht der Protagonist am zweiten Tag in Kopenhagen?

4. Warum ist der Tivoli-Garten eine geeignete Aktivität für die Protagonisten in ihrer dritten Nacht in Kopenhagen?

5. Wie fühlt sich der Protagonist am Ende seiner Reise?

6. Was mag der Protagonist an Kopenhagen am liebsten?

7. Was hält der Protagonist vom Essen in Kopenhagen?

Den gamle vindmølle

Den gamle **vindmølle** havde været forladt i årevis. Men da den nye **familie** flyttede ind, besluttede de sig for at sætte den i stand. **Far** og søn arbejdede sammen for at få vingerne til at dreje igen. Og snart lavede møllen igen mel. Møllen blev et populært sted for turister. De kom for at se **vingerne** dreje i vinden og købe frisk mel af familien. Faderen og sønnen nød at have folk omkring sig og høre deres historier. En dag kom der en **kvinde på** besøg, som fortalte, at hun havde boet i huset ved møllen, da hun var barn. Hun fortalte dem om, hvordan hendes **bedstefar** plejede at drive møllen i dens storhedstid. Mens hun talte, kunne faderen og sønnen se, at hun stadig havde en dyb tilknytning til dette sted på **trods af** alle de år, der var gået. Kvindens bedstefar var gået bort for nogle år siden, men hun kom stadigvæk på besøg på den gamle mølle.

Hun sad ved vinduet i sin bedstefars værelse og så på, hvordan **bladene** drejede sig. Det bragte så mange **minder frem i** hendes bevidsthed. En dag besluttede hun sig for at tage ned til møllen og tale med den far og søn, der nu drev den. De var glade for at høre hendes historier om stedets historie. Og de fortalte hende, at hun altid var velkommen til at komme på besøg, når hun havde lyst. Kvinden blev en regelmæssig

Die alte Windmühle

Die alte **Windmühle stand** seit Jahren leer. Doch als die neue **Familie einzog**, beschlossen sie, sie wieder instand zu setzen. **Vater** und Sohn arbeiteten zusammen, um die Flügel wieder zum Drehen zu bringen. Und schon bald produzierte die Mühle wieder Mehl. Die Mühle wurde ein beliebtes Ausflugsziel für Touristen. Sie kamen, um zu sehen, wie sich die **Flügel** im Wind drehten, und kauften bei der Familie frisches Mehl. Vater und Sohn genossen es, die Leute um sich zu haben und ihre Geschichten zu hören. Eines Tages kam eine **Frau** zu Besuch, die erzählte, sie habe als Kind in dem Haus neben der Mühle gewohnt. Sie erzählte ihnen, wie ihr **Großvater** die Mühle in ihrer Blütezeit betrieben hatte. Während sie erzählte, konnten der Vater und der Sohn sehen, dass sie **trotz der** vielen Jahre immer noch eine tiefe Verbindung zu diesem Ort hatte. Der Großvater der Frau war vor ein paar Jahren verstorben, aber sie besuchte die alte Mühle immer noch.

Sie saß am Fenster im Zimmer ihres Großvaters und sah zu, wie sich die **Flügel** drehten. Das weckte so viele **Erinnerungen in** ihr. Eines Tages beschloss sie, zur Mühle hinunterzugehen und mit dem Vater und dem Sohn zu sprechen, die sie jetzt betrieben. Sie

besøgende på møllen. Hun tog sine **børnebørn** og oldebørn med for at se den. Og hun stoppede altid op og talte med faderen og sønnen, som drev den. De var **blevet** gode venner i årenes løb. En dag begyndte kvindens helbred at blive dårligere, og hun vidste, at hun ikke ville være i stand til at komme tilbage til møllen igen.

Så hun spurgte **faderen** og sønnen, om de kunne holde øje med den for hende. De **lovede, at** de ville passe på den, ligesom hun havde gjort for alle de år siden. Den gamle vindmølle står stadig i dag. Bladene drejer ikke længere, men det er ikke desto mindre et smukt syn. Og når vinden blæser, kan man stadig høre den svage lyd af møllen, der kværner mel. Kvinden **døde for** et par år siden, men hendes familie kommer stadig på besøg i møllen. De sidder i hendes bedstefars værelse og kigger ud på **vingerne, der** drejer i vinden. Og de husker alle de glade stunder, de havde her sammen med deres bedstemor. Den gamle vindmølle er et symbol på kvindens liv. Den er en påmindelse om hendes dybe tilknytning til dette sted og de **mennesker,** hun elskede. Og den vil altid være en del af hendes families historie.

freuten sich, ihre Geschichten über die Geschichte des Ortes zu hören. Und sie sagten ihr, dass sie jederzeit zu Besuch kommen könne, wenn sie wolle. Die Frau wurde eine regelmäßige Besucherin der Mühle. Sie brachte ihre **Enkel** und Urenkel mit, um sie zu sehen. Und sie hielt immer wieder an und sprach mit dem Vater und dem Sohn, die die Mühle betrieben. Sie waren im Laufe der Jahre gute Freunde **geworden**. Eines Tages verschlechterte sich der Gesundheitszustand der Frau, und sie wusste, dass sie nicht mehr in der Lage sein würde, die Mühle zu besuchen.

Also fragte sie den **Vater** und den Sohn, ob sie für sie ein Auge darauf werfen könnten. Sie **versprachen, sich** um die Mühle zu kümmern, so wie sie es vor all den Jahren getan hatte. Die alte Windmühle steht heute noch. Die Flügel drehen sich nicht mehr, aber es ist trotzdem ein schöner Anblick. Und wenn der Wind weht, kann man immer noch das leise Geräusch der Mühle hören, die Mehl mahlt. Die Frau ist vor ein paar Jahren verstorben, aber ihre Familie besucht die Mühle noch immer. Sie sitzen im Zimmer ihres Großvaters und schauen auf die sich im Wind drehenden **Flügel**. Und sie erinnern sich an all die schönen Zeiten, die sie hier mit ihrer Großmutter verbracht haben. Die alte Windmühle ist ein Symbol für das Leben der Frau. Sie ist eine Erinnerung an ihre tiefe Verbundenheit mit diesem Ort und den **Menschen, die** sie liebte. Und sie wird immer ein Teil der Geschichte ihrer Familie sein.

Comprehension Questions

1. Hvad gjorde den nye familie, da de flyttede ind i huset ved den gamle vindmølle?

2. Hvordan blev møllen populær igen?

3. Hvem kom på besøg i møllen en dag?

4. Hvad sagde kvinden, der kom på besøg, til faderen og sønnen?

5. Hvorfor begyndte kvinden at komme på besøg på møllen igen?

6. Hvordan ændrede forholdet mellem kvinden og faderen og sønnen sig over tid?

7. Hvad bad kvinden faderen og sønnen om at gøre, før hun døde?

8. Hvad er den gamle vindmølle et symbol på for kvindens familie?

Fragen zum Verständnis

1. Was hat die neue Familie getan, als sie in das Haus bei der alten Windmühle einzog?

2. Wie ist die Mühle wieder populär geworden?

3. Wer besuchte eines Tages die Mühle?

4. Was hat die Frau, die zu Besuch kam, dem Vater und dem Sohn gesagt?

5. Warum kam die Frau wieder in die Mühle?

6. Wie hat sich die Beziehung zwischen der Frau und dem Vater und dem Sohn im Laufe der Zeit verändert?

7. Worum bat die Frau den Vater und den Sohn, bevor sie starb?

8. Wofür ist die alte Windmühle ein Symbol für die Familie der Frau?

Tivoli-haverne

Tivoli-haven var engang et **smukt** sted. Blomsterne blomstrede, træerne var grønne, og solen skinnede ned på de glade mennesker nedenunder. Men det var før krigen. Nu er haven kun en skygge af sit tidligere selv. Blomsterne er visnet, træerne er døde, og der er ingen tegn på **liv nogen** steder. Men selv i denne mørke tid er der stadig håb. En lille gruppe modstandskæmpere har brugt haverne som base **for at** slå tilbage mod besættelsesmagten. De planlægger og gennemfører dristige angreb mod fjendens mål og **forsvinder** altid i skyggerne **bagefter**. En aften får de besked om, at en højtstående embedsmand vil besøge haven for at inspicere den.

Dette er deres chance for at tage ham som gidsel og få en reel indflydelse på krigsindsatsen! De udarbejder omhyggeligt deres planer og venter på, at han ankommer. Embedsmanden ankommer lige til tiden, flankeret af et **dusin** tungt bevæbnede livvagter. Modstandskæmperne går i aktion og angriber med alt, hvad de har. Men **livvagterne** er for stærke, og embedsmanden undslipper. Kæmperne omgrupperer sig i haven, slikker deres sår og planlægger deres næste træk. De ved, at dette blot var et tilbageslag - de får snart en ny chance for at slå til. I **mellemtiden** vil

Tivoli Gärten

Die Tivoli-Gärten waren einst ein **wunderschöner** Ort. Die Blumen blühten, die Bäume waren grün, und die Sonne schien auf die glücklichen Menschen unter ihnen herab. Aber das war vor dem Krieg. Jetzt sind die Gärten nur noch ein Schatten ihrer selbst. Die Blumen sind verwelkt, die Bäume tot, und nirgendwo gibt es ein Zeichen von **Leben**. Doch selbst in dieser dunklen Zeit gibt es noch Hoffnung. Eine kleine Gruppe von Widerstandskämpfern nutzt die Gärten als **Operationsbasis**, um gegen die Besatzer zurückzuschlagen. Sie planen und führen waghalsige Angriffe auf feindliche Ziele durch und **verschwinden danach** immer in den Schatten. Eines Nachts erhalten sie die Nachricht, dass ein hochrangiger Beamter die Gärten für eine Inspektion besuchen wird.

Das ist ihre Chance, ihn als Geisel zu nehmen und einen echten Einfluss auf die Kriegsanstrengungen zu nehmen! Sie legen ihre Pläne sorgfältig fest und warten auf die Ankunft des Beamten. Der Beamte trifft pünktlich ein, flankiert von einem **Dutzend** schwer bewaffneter Leibwächter. Die Widerstandskämpfer stürzen sich auf ihn und greifen ihn mit allem an, was sie haben. Doch die **Leibwächter** sind zu stark und der Beamte entkommt. Die Kämpfer sammeln sich in den

de fortsætte med at kæmpe fra **skyggerne** og vente på deres øjeblik til at skinne igen.

Modstandskæmperne er ved at blive desperate. De har **slået til** mod fjenden i månedsvis nu, men de synes altid at være et skridt bagud. De har brug for en stor sejr, noget, der virkelig vil øge moralen og give dem overtaget i denne krig. Så får de besked om, at embedsmanden er på **vej** tilbage til haverne. Denne gang har de ikke tænkt sig at lade ham slippe væk! De lægger et bagholdsangreb og venter på, at han ankommer. Embedsmanden ankommer, men denne gang er han forberedt. Han har et dusin livvagter med sig, samt en kampvogn! Modstandskæmperne kæmper en brav kamp, men de **kan** ikke klare fjendens overlegne ildkraft. De er **tvunget til at** trække sig tilbage i haven, og deres håb om at pågribe embedsmanden svinder endnu en gang. Men selv i nederlaget nægter de at opgive håbet.

Gärten, lecken ihre Wunden und planen ihren nächsten Schritt. Sie wissen, dass dies nur ein Rückschlag war - sie werden schon bald eine weitere Gelegenheit bekommen, zuzuschlagen. In der **Zwischenzeit** werden sie aus dem **Schatten** heraus weiterkämpfen und darauf warten, dass sie wieder in Erscheinung treten.

Die Widerstandskämpfer werden immer verzweifelter. Sie **greifen** den Feind nun schon seit Monaten an, aber sie scheinen immer einen Schritt hinterherzuhinken. Sie brauchen einen großen Sieg, etwas, das die Moral wirklich stärkt und ihnen die Oberhand in diesem Krieg gibt. Dann erhalten sie die Nachricht, dass der Beamte wieder in die Gärten kommt. Diesmal werden sie ihn nicht entkommen lassen! Sie legten einen Hinterhalt und warteten auf ihn. Der Beamte kommt, aber dieses Mal ist er vorbereitet. Er hat ein Dutzend Leibwächter und einen Panzer dabei! Die Widerstandskämpfer wehren sich tapfer, aber sie sind der überlegenen Feuerkraft der feindlichen Truppen nicht **gewachsen**. Sie sind **gezwungen,** sich in die Gärten zurückzuziehen, und ihre Hoffnung, den Beamten zu fassen, schwindet erneut. Doch selbst in ihrer Niederlage geben sie die Hoffnung nicht auf.

Comprehension Questions

1. Hvordan var Tivolihaven før krigen?

2. Hvad laver modstandskæmperne i haverne?

3. Hvad sker der, når den højtstående embedsmand besøger haverne for at inspicere dem?

4. Hvorfor har modstandskæmperne brug for en stor sejr?

5. Hvad gør tjenestemanden, da han bliver overfaldet anden gang?

6. Hvordan føler modstandskæmperne sig efter deres mislykkede bagholdsangreb?

7. Hvad er modstandskæmpernes heldige udfald?

8. Hvad gør modstandskæmperne, da de endelig fanger embedsmanden?

Fragen zum Verständnis

1. Wie sah der Tivoli-Garten vor dem Krieg aus?

2. Was machen die Widerstandskämpfer in den Gärten?

3. Was geschieht, wenn der hochrangige Beamte die Gärten zu einer Inspektion besucht?

4. Warum brauchen die Widerstandskämpfer einen großen Sieg?

5. Was macht der Beamte, als er zum zweiten Mal überfallen wird?

6. Wie fühlen sich die Widerstandskämpfer nach ihrem erfolglosen Hinterhalt?

7. Was ist der Glücksfall für die Widerstandskämpfer?

8. Was tun die Widerstandskämpfer, wenn sie den Beamten schließlich gefangen nehmen?

Rejse til Rundetårn

Jeg vågnede tidligt i morges og var ivrig efter at starte min rejse. Jeg havde planlagt den i ugevis, og alt var endelig på plads. Jeg pakkede min taske med noget tøj og et par snacks og begav mig så af sted mod Rundetårn, det tårn, der **står** i centrum af **København**. Min plan var at **klatre** op på toppen og nyde udsigten over byen nedenunder. Da jeg gik gennem gaderne, kunne jeg ikke undgå at lægge mærke til alle de mennesker, der skyndte sig rundt i deres hverdag. Det fik mig til at føle mig en smule misundelig; de syntes alle at vide, hvor de skulle hen, og hvad de lavede, mens jeg følte mig som en fortabt **turist** i min egen by. Men snart nok **ankom** jeg til Rundetrn og begyndte at gå op ad de snoede trapper. Det tog mig et stykke tid at nå toppen, men da jeg nåede den, var udsigten det mere end værd; København strakte sig foran mig i al sin pragt, funklende i morgensolen."

Da jeg stod på toppen af Rundetrn, følte jeg, at jeg kunne se **alt**. Byen travlhed under mig, og havnen glitrede i det fjerne. Jeg kunne endda se et par både, der var på vej ud på havet. Det var et smukt syn, som jeg aldrig vil glemme. Men mens jeg stod der og tog det hele i mig, skete der noget mærkeligt; jeg begyndte at

Reise nach Rundetårn

Heute Morgen wachte ich früh auf und war begierig, meine Reise anzutreten. Ich hatte sie seit Wochen geplant, und endlich war alles vorbereitet. Ich packte meine Tasche mit ein paar Klamotten und ein paar Snacks und machte mich dann auf den Weg zum Rundetrn, **dem** Turm im Zentrum von **Kopenhagen**. Mein Plan war es, auf die Spitze zu steigen und die Aussicht auf die Stadt zu genießen. Als ich durch die Straßen ging, konnte ich nicht umhin, all die Menschen zu beobachten, die ihrem täglichen Leben nachgingen. Ich war ein wenig neidisch, denn sie schienen alle zu wissen, wohin sie gingen und was sie taten, während ich mich wie ein verlorener **Tourist** in meiner eigenen Stadt fühlte. Doch schon bald **erreichte ich** den Rundetrn und begann, die Wendeltreppe hinaufzusteigen. Es dauerte eine Weile, bis ich oben ankam, aber die Aussicht war es mehr als wert: Kopenhagen lag in seiner ganzen Pracht vor mir und glitzerte in der Morgensonne."

Als ich auf dem Gipfel des Rundetrn stand, hatte ich das Gefühl, **alles** sehen zu können. Unter mir wuselte die Stadt, und in der Ferne glitzerte der Hafen. Ich sah sogar ein paar Boote, die auf das Meer hinausfuhren.

føle mig svimmel og svimmel. Det næste, jeg vidste, var, at jeg faldt. På en eller anden måde lykkedes det mig at overleve mit fald fra Rundetrn. Da jeg ramte jorden, forventede jeg at være død eller i det mindste alvorligt såret, men i stedet havde jeg kun nogle få blå mærker og skrammer. "Det er et mirakel!" sagde folk, mens de flokkedes om mig. "Du må være blevet reddet af en engel!" Jeg blev **rystet** af mit fald, men var ellers **uskadt**. Da jeg kom på benene, kunne jeg ikke lade være med at føle, at noget havde ændret sig. Det var som om jeg havde fået en ny **chance** i livet, og jeg vidste, at jeg måtte få det bedste ud af den.

Fra da af besluttede jeg mig for at leve hver dag fuldt ud og sætte pris på alle de små ting i livet. Og hver gang jeg kigger ud over **København** fra Rundetårn, bliver jeg mindet om, hvor **heldig** jeg er. " Der er gået et par år siden mit fald fra Rundetrn, og livet har **behandlet** mig godt. Jeg **bor** stadig i København, og jeg har endda **stiftet** min egen familie. Min kone og jeg tager ofte vores børn med til Rundetrn for at vise dem udsigten over byen.

Es war ein wunderschöner Anblick, den ich nie vergessen werde. Doch während ich so dastand und alles auf mich wirken ließ, geschah etwas Seltsames: Mir wurde schwindlig und schwindelig. Das nächste, was ich wusste, war, dass ich fiel. Irgendwie schaffte ich es, meinen Sturz vom Rundetrn zu überleben. Als ich auf dem Boden aufschlug, erwartete ich, tot oder zumindest schwer verletzt zu sein, aber stattdessen hatte ich nur ein paar Prellungen und Kratzer. "Es ist ein Wunder!", sagten die Leute, die sich um mich scharten. "Sie müssen von einem Engel gerettet worden sein!" Ich war von meinem Sturz **erschüttert**, aber ansonsten **unverletzt**. Als ich wieder aufstand, hatte ich das Gefühl, dass sich etwas verändert hatte. Es war, als hätte man mir eine zweite **Chance** im Leben gegeben, und ich wusste, dass ich diese Chance nutzen musste.

Von da an beschloss ich, jeden Tag in vollen Zügen zu genießen und all die kleinen Dinge im Leben zu schätzen. Und jedes Mal, wenn ich vom Rundetrn aus auf **Kopenhagen blicke**, werde ich daran erinnert, wie **viel Glück** ich habe. "Seit meinem Sturz vom Rundetrn sind schon einige Jahre vergangen, und das Leben hat mich gut **behandelt**. Ich **lebe** immer noch in Kopenhagen und habe sogar eine eigene Familie gegründet. Meine Frau und ich nehmen unsere Kinder oft mit zum Rundetrn, um ihnen die Aussicht auf die Stadt zu zeigen.

Comprehension Questions

1. Hvad gør hovedpersonen, da han ankommer til Rundetrn?

2. Hvordan har hovedpersonen det med de mennesker, han ser i København?

3. Hvad ser hovedpersonen fra toppen af Rundetrn?

4. Hvad sker der med hovedpersonen, mens han er på toppen af Rundetrn?

5. Hvordan har hovedpersonen det, efter at han er faldet ned fra Rundetrn?

6. Hvad siger folk til hovedpersonen, efter at han er faldet?

7. Hvordan ændrer hovedpersonens fald hans syn på livet?

Fragen zum Verständnis

1. Was tut der Protagonist, als er in Rundetrn ankommt?

2. Was denkt der Protagonist über die Menschen, die er in Kopenhagen sieht?

3. Was sieht der Protagonist vom Gipfel des Rundetrn aus?

4. Was passiert mit dem Protagonisten, während er sich auf dem Gipfel des Rundetrn befindet?

5. Wie fühlt sich der Protagonist, nachdem er vom Rundetrn gefallen ist?

6. Was sagen die Leute zu dem Protagonisten, nachdem er gestürzt ist?

7. Wie verändert der Sturz des Protagonisten seine Sicht auf das Leben?

Skøjteløb på frosne kanaler

Gravene i Amsterdam er et smukt syn om vinteren. De er endnu **smukkere,** når du skøjter på dem. Jeg var heldig nok til at opleve dette på første hånd for nylig. Jeg havde altid gerne villet skøjte på kanalerne, men havde aldrig haft chancen. Så da jeg så, at de var frosset til, vidste jeg, at jeg måtte udnytte det. Jeg **lejede** nogle skøjter og begav mig ud på isen. Det var en **fantastisk** følelse at glide over kanalens glatte overflade. Den kolde luft var forfriskende og opkvikkende. Og landskabet var simpelthen betagende. Indimellem stoppede jeg op for at beundre udsigten eller tage et billede. Til sidst nåede jeg tilbage til bredden og afleverede mine skøjter tilbage. Det var en **uforglemmelig** oplevelse, som jeg helt sikkert snart vil gentage igen!

Jeg vågnede tidligt næste morgen og var ivrig efter at komme ud på kanalen igen. Jeg havde drømt om at stå på skøjter hele natten lang. Jeg tog hurtigt **tøj på** og tog ned til udlejningsbutikken. Men da jeg ankom, var der et skilt på døren, hvor der stod "lukket". **Skuffet** vendte jeg mig om for at gå, men så hørte jeg **nogen** kalde mit

Schlittschuhlaufen auf zugefrorenen Kanälen

Die Grachten von Amsterdam sind im Winter ein schöner Anblick. Noch **schöner** sind sie, wenn man auf ihnen Schlittschuh läuft. Ich hatte das Glück, das vor kurzem aus erster Hand zu erfahren. Ich wollte schon immer mal auf den Grachten Schlittschuh laufen, hatte aber nie die Gelegenheit dazu. Als ich dann sah, dass sie zugefroren waren, wusste ich, dass ich diese Gelegenheit nutzen musste. Ich **mietete** Schlittschuhe und ging aufs Eis. Es war ein **tolles** Gefühl, über die glatte Oberfläche des Kanals zu gleiten. Die kalte Luft war erfrischend und belebend. Und die Szenerie war einfach atemberaubend. Ab und zu blieb ich stehen, um die Aussicht zu bewundern oder ein Foto zu machen. Schließlich erreichte ich wieder das Ufer und gab meine Schlittschuhe zurück. Es war ein **unvergessliches** Erlebnis, das ich bestimmt bald wiederholen werde!

Am nächsten Morgen wachte ich früh auf und wollte unbedingt wieder auf den Kanal hinausfahren. Ich hatte die ganze Nacht vom Schlittschuhlaufen geträumt. Schnell zog ich **mich an** und machte mich auf den Weg zum Verleih. Aber als ich dort ankam, hing ein Schild an der Tür, auf dem stand "geschlossen". **Enttäuscht** wandte ich mich zum Gehen, doch dann hörte ich, wie **jemand** meinen Namen rief. Es war der Besitzer des

navn. Det var ejeren af butikken. Han fortalte mig, at han ville åbne tidligt kun for mig. Han vidste, hvor meget jeg ønskede at skate igen, og han ville ikke have, at jeg skulle gå glip af min chance. Så vi tog vores **skøjter** på og gik på isen endnu en gang! Mens jeg skøjter langs kanalen, kan jeg ikke lade være med at føle mig **taknemmelig** for denne mulighed. Det er ikke ofte, at man får mulighed for at skøjte på en frossen kanal. Og det er endnu sjældnere, at man får mulighed for at gøre det to gange på en uge! Jeg er **fast besluttet på** at få det bedste ud af det, mens jeg kan.

Hver dag bruger jeg et par timer på at stå på skøjter. Og hver gang udforsker jeg en anden del af kanalen. Der er så mange smukke seværdigheder at se, og der er så meget historie at lære om. At skøjte på Amsterdams **kanaler er** hurtigt blevet en af mine yndlingsaktiviteter! En morgen vågnede jeg op og opdagede, at kanalerne var tøet op i løbet af natten. Al isen var væk, og **vandet** flød igen. Jeg vidste, at min tid med at skøjte på skøjter på kanalerne var forbi. Men jeg var allerede i gang med at planlægge min næste tur! Der er trods alt ikke noget bedre end at skøjte på skøjter på en frossen kanal i Amsterdam! Nu er jeg **hjemme** igen, men jeg kan ikke holde op med at tænke på min tid i Amsterdam. at skøjte på de frosne kanaler var en utrolig oplevelse, som jeg aldrig vil **glemme**. Jeg tæller allerede dagene ned til næste vinter!

Ladens. Er sagte mir, er würde nur für mich früher öffnen. Er wusste, wie gerne ich wieder Schlittschuh laufen wollte, und wollte nicht, dass ich meine Chance verpasste. Also zogen wir unsere **Schlittschuhe** an und gingen noch einmal aufs Eis! Während ich den Kanal entlanglaufe, kann ich nicht anders, als **dankbar** für diese Gelegenheit zu sein. Es kommt nicht oft vor, dass man auf einem zugefrorenen Kanal Schlittschuh laufen kann. Und noch seltener hat man die Möglichkeit, dies zweimal in einer Woche zu tun! Ich bin **entschlossen, das** Beste daraus zu machen, solange ich kann.

Jeden Tag verbringe ich ein paar Stunden mit Skaten. Und jedes Mal erkunde ich einen anderen Teil des Kanals. Es gibt so viele schöne Sehenswürdigkeiten zu sehen und so viel über die Geschichte zu erfahren. Das Schlittschuhlaufen auf den Amsterdamer **Grachten** ist schnell zu einer meiner Lieblingsbeschäftigungen geworden! Eines Morgens wachte ich auf und stellte fest, dass die Grachten über Nacht aufgetaut waren. Das gesamte Eis war verschwunden und das **Wasser** floss wieder. Ich wusste, dass meine Zeit als Schlittschuhläuferin auf den Kanälen zu Ende gegangen war. Aber ich plante bereits meinen nächsten Ausflug! Schließlich gibt es nichts Besseres als Schlittschuhlaufen auf einer zugefrorenen Gracht in Amsterdam! Jetzt bin ich wieder **zu Hause**, aber ich kann nicht aufhören, an meine Zeit in Amsterdam zu denken. Das Schlittschuhlaufen auf den zugefrorenen Grachten war eine unglaubliche Erfahrung, die ich nie **vergessen** werde. Ich zähle schon die Tage bis zum nächsten Winter!

Comprehension Questions

1. Hvad er forfatterens yndlingsbeskæftigelse i Amsterdam?

2. Hvad gør forfatteren, da han først ankommer til udlejningsforretningen?

3. Hvordan har forfatteren det med at skøjte på kanalerne?

4. Hvorfor er det noget særligt at skøjte på kanalerne om natten?

5. Hvad laver forfatteren på sin sidste dag i Amsterdam?

6. Hvordan har forfatteren det, da han vågner næste morgen?

7. Hvad står der på skiltet på døren til udlejningsbutikken?

Fragen zum Verständnis

1. Was ist die Lieblingsbeschäftigung des Autors in Amsterdam?

2. Was tut der Autor, als er zum ersten Mal im Verleih ankommt?

3. Was hält der Autor vom Schlittschuhlaufen auf den Kanälen?

4. Warum ist es etwas Besonderes, nachts auf den Kanälen zu skaten?

5. Was macht der Autor an seinem letzten Tag in Amsterdam?

6. Wie fühlt sich der Autor, als er am nächsten Morgen aufwacht?

7. Was steht auf dem Schild an der Tür des Mietgeschäfts?

Jul i Aalborg

Det var juleaften i Aalborg, og byen var fyldt med spænding. **Gaderne** var fyldt med mennesker, der alle var ivrige efter at få et glimt af julemanden, som var på vej gennem byen. Børn grinede og legede omkring juletræet på torvet, mens deres forældre så på fra nærliggende caféer og restauranter. Pludselig opstod der **tumult for** enden af gaden. Folk begyndte at pege og råbe begejstret. Julemanden er ankommet! Han vinkede til **alle,** mens han bevægede sig ned ad gaden og af og til **stoppede op** for at snakke med børnene eller for at dele gaver ud. Da han nåede frem til torvet, standsede han foran juletræet og lagde en stor sæk under det.

Så vendte han sig **uden at** sige et ord om og begyndte at gå tilbage op ad gaden i retning af det sted, hvor han var kommet fra. Publikum brød ud i jubel og klapsalver, da de så ham forsvinde i det fjerne. Det havde været en **uforglemmelig** juleaften i Aalborg! Næste **morgen var der** travlhed på torvet, hvor folk skyndte sig at se, hvad julemanden havde efterladt i sin sæk. Der var gaver til alle Aalborgs børn i sækken! Der var legetøj, tøj, slik og meget mere. **Forældrene** blev heller ikke glemt, for der var også gaver til dem. Det var en jul, som

Weihnachten in Aalborg

Es war Heiligabend in Aalborg, und in der Stadt herrschte große Aufregung. Die **Straßen** waren von Menschen gesäumt, die alle einen Blick auf den Weihnachtsmann erhaschen wollten, der sich auf seinem Weg durch die Stadt befand. Kinder lachten und spielten um den Weihnachtsbaum auf dem Marktplatz, während ihre Eltern aus den umliegenden Cafés und Restaurants zusahen. Plötzlich gab es einen **Aufruhr** am Ende der Straße. Die Leute begannen, auf den Baum zu zeigen und aufgeregt zu schreien. Der Weihnachtsmann ist da! Er winkte **allen** zu, während er die Straße hinunterging und ab und zu **anhielt**, um mit den Kindern zu plaudern oder Geschenke zu verteilen. Als er den Marktplatz erreichte, blieb er vor dem Weihnachtsbaum stehen und stellte einen großen Sack darunter.

 Dann drehte er sich um, **ohne** ein Wort zu sagen, und ging die Straße zurück in die Richtung, aus der er gekommen war. Die Menge brach in Jubel und Applaus aus, als sie ihn in der Ferne verschwinden sah. Es war ein **unvergesslicher** Heiligabend in Aalborg gewesen! Am nächsten **Morgen herrschte auf** dem Platz reges Treiben, denn die Menschen eilten

alle ville huske i mange år fremover! Som årene gik, fortsatte julemanden med at besøge Aalborg juleaften. Traditionen med at efterlade gaver på **torvet, som** alle kan glæde sig over, er blevet kendt i hele Danmark. Folk kom fra nær og fjern for at se julemanden i Aalborg juleaftensdag. Og det var takket være en enkelt mands **gavmildhed** og kærlighed til at give, at denne smukke tradition startede!

Hver juleaften er torvet i Aalborg fyldt med mennesker fra hele verden hver eneste **juleaften.** De kommer for at se julemanden og for at opleve den glæde og lykke, som han bringer til alle, han møder. Det er virkelig et magisk sted, og det hele startede med en mands **venlige** handling for så mange år siden. Et år **besluttede** julemanden **sig for** at gå på pension. Han vidste, at det var på tide, at en anden overtog hans rolle og bragte lykke til Aalborgs befolkning juleaften. Så han håndplukkede en **efterfølger** og uddannede ham i alt, hvad han skulle vide om at være julemand.

herbei, um zu sehen, was der Weihnachtsmann in seinem Sack hinterlassen hatte. Darin befanden sich Geschenke für alle Kinder Aalborgs! Es gab Spielzeug, Kleidung, Süßigkeiten und vieles mehr. Auch die **Eltern** wurden nicht vergessen, denn auch für sie gab es Geschenke. Es war ein Weihnachtsfest, an das sich alle noch jahrelang erinnern würden! Im Laufe der Jahre besuchte der Weihnachtsmann Aalborg immer wieder an Heiligabend. Die Tradition, die Geschenke auf dem **Marktplatz zu verteilen, ist in** ganz Dänemark bekannt geworden. Die Menschen kamen von weit her, um den Weihnachtsmann an **Heiligabend** in Aalborg zu sehen. Und es ist der **Großzügigkeit** eines Mannes und seiner Liebe zum Schenken zu verdanken, dass diese schöne Tradition ins Leben gerufen wurde!

Jeden **Heiligabend** füllt sich der Platz in Aalborg mit Menschen aus der ganzen Welt. Sie kommen, um den Weihnachtsmann zu sehen und die Freude und das Glück zu erleben, das er jedem bringt, den er trifft. Es ist wirklich ein magischer Ort, und alles begann mit der **Freundlichkeit** eines Mannes vor so vielen Jahren. Eines Jahres **beschloss** der Weihnachtsmann, sich zur Ruhe zu setzen. Er wusste, dass es an der Zeit war, dass jemand anderes seine Rolle übernimmt und den Menschen in Aalborg am Weihnachtsabend Freude bringt. Also wählte er einen **Nachfolger** aus und schulte ihn in allem, was er als Weihnachtsmann wissen musste.

Comprehension Questions

1. Hvad er traditionen i Aalborg juleaften?

2. Hvordan startede denne tradition?

3. Hvem er den nye julemand hvert år?

4. Hvad gør julemanden, når han når frem til pladsen?

5. Hvad er der i den store sæk, som julemanden lægger under træet?

6. Hvad kommer folk fra hele verden til Aalborg for at se juleaften?

7. Hvorfor besluttede julemanden sig for at gå på pension?

8. Hvem har håndplukket julemandens efterfølger?

Fragen zum Verständnis

1. Was ist die Tradition in Aalborg an Heiligabend?

2. Wie hat diese Tradition begonnen?

3. Wer ist jedes Jahr der neue Weihnachtsmann?

4. Was macht der Weihnachtsmann, wenn er den Platz erreicht?

5. Was ist in dem großen Sack, den der Weihnachtsmann unter den Baum legt?

6. Wozu kommen Menschen aus aller Welt an Heiligabend nach Aalborg?

7. Warum hat der Weihnachtsmann beschlossen, sich zur Ruhe zu setzen?

8. Wer hat den Nachfolger des Weihnachtsmanns ausgesucht?

Udforskning af Jelling Mounds

Jellinghøjene er et **fascinerende** historisk sted i Danmark. De stammer helt tilbage fra vikingetiden og blev brugt som gravhøje for vigtige personer fra den tid. Jeg har altid været interesseret i historie, så da jeg hørte om muligheden for at udforske disse **gravhøje, greb** jeg chancen med kyshånd. Jeg blev ikke **skuffet**. Det første, der slog mig, var størrelsen på dem - de er enorme! Og der er to af dem, side om side. Det er let at forestille sig, hvor **imponerende** de ville have set ud for nogen, der levede i vikingetiden. Da vi udforskede videre, fandt vi mange interessante **artefakter** inde i højene. Det omfattede smykker, våben og endda nogle menneskelige rester. Det var utroligt at tænke på, hvem disse **mennesker** var, og hvordan deres liv ville have været for alle disse år siden. Vi lærte også om endnu en **interessant** kendsgerning om Jellinghøjene - de siges at være hjemsøgte!

Tilsyneladende er der i årenes løb blevet set **spøgelsesfigurer** omkring dem. Uanset om det er sandt eller ej, giver det i hvert fald disse i forvejen fascinerende historiske monumenter et ekstra element af intriger. Da vi **gik** rundt om Jelling Mounds, kunne

Erforschung der Jelling Mounds

Die Jelling-Hügel sind eine **faszinierende** historische Stätte in Dänemark. Sie stammen aus der Wikingerzeit und wurden als Grabhügel für wichtige Persönlichkeiten der damaligen Zeit genutzt. Ich habe mich schon immer für Geschichte interessiert, und als ich von der Möglichkeit hörte, diese **Grabhügel** zu erkunden, habe ich die Chance ergriffen. Ich wurde nicht **enttäuscht**. Das erste, was mir auffiel, war die Größe der Hügel - sie sind riesig! Und es gibt zwei davon, die nebeneinander liegen. Man kann sich leicht vorstellen, wie **beeindruckend** sie auf jemanden gewirkt haben müssen, der in der Wikingerzeit lebte. Bei unserer weiteren Erkundung fanden wir viele interessante **Artefakte** in den Hügeln. Dazu gehörten Schmuck, Waffen und sogar einige menschliche Überreste. Es war unglaublich, darüber nachzudenken, wer diese **Menschen** waren und wie ihr Leben vor all diesen Jahren ausgesehen haben muss. Wir erfuhren auch eine weitere **interessante** Tatsache über die Jelling Mounds - es soll dort spuken!

Angeblich wurden im Laufe der Jahre geisterhafte **Gestalten** in ihrer Nähe gesichtet. Ob das nun stimmt oder nicht, es verleiht diesen ohnehin schon

jeg ikke lade være med at føle en følelse af ærefrygt. Disse enorme gravhøje er en påmindelse om, hvor anderledes livet var for folk i vikingetiden. Det er svært at forestille sig, hvordan det må have været at leve i en sådan tid, hvor døden var så almindelig. Tanken om alle de **mennesker, der** var blevet begravet her - nogle med stor ære og andre i skam - gjorde mig ret trist. Men der er også noget meget fredfyldt ved dette sted. **Måske** er det fordi det føles så langt væk fra det moderne livs travlhed. Eller måske er det fordi, at disse høje har stået her i **århundreder og været** vidne til menneskehedens **komme** og gåture gennem historien. Uanset hvad, er jeg glad for, at jeg fik chancen for at udforske dem. Jeg gik rundt ved Jelling Mounds og tog imod seværdighederne og lydene fra dette **fascinerende** historiske sted, da jeg pludselig fik en fornemmelse af, at jeg blev overvåget. Jeg vendte mig om, men der var ingen. Det må have været min fantasi.

faszinierenden historischen Denkmälern auf jeden Fall ein zusätzliches Element der Faszination. Als wir um die Jelling Mounds herumgingen, konnte ich mich eines Gefühls der Ehrfurcht nicht erwehren. Diese riesigen Grabhügel sind eine Erinnerung daran, wie anders das Leben der Menschen in der Wikingerzeit war. Es ist schwer, sich vorzustellen, wie es gewesen sein muss, in einer Zeit zu leben, in der der Tod so alltäglich war. Der Gedanke an all die **Menschen**, die hier begraben wurden - einige mit großer Ehre, andere in Schande - machte mich ziemlich traurig. Aber dieser Ort hat auch etwas sehr Friedliches an sich. **Vielleicht liegt** es daran, dass er so weit von der Hektik des modernen Lebens entfernt ist. Vielleicht liegt es aber auch daran, dass diese Hügel schon seit **Jahrhunderten** hier stehen und das **Kommen** und Gehen der Menschheit im Laufe der Geschichte miterlebt haben. Wie auch immer, ich bin froh, dass ich die Gelegenheit hatte, sie zu erkunden. Ich spazierte um die Jelling Mounds herum und nahm die Sehenswürdigkeiten und Geräusche dieser **faszinierenden** historischen Stätte in mich auf, als ich plötzlich das Gefühl hatte, dass ich beobachtet wurde. Ich drehte mich um, aber es war niemand da. Das muss meine Einbildung gewesen sein.

Comprehension Questions

1. Hvad er Jellinghøjene?

2. Hvornår blev Jellinghøjene brugt?

3. Hvad fandt forfatteren i Jellinghøjene?

4. Hvad er en interessant kendsgerning om Jellinghøjene?

5. Hvordan følte forfatteren sig, da han gik rundt om Jelling Mounds?

6. Hvilken støj hørte forfatteren, mens han var ved Jelling Mounds?

7. Hvordan så den figur ud, der kom ud af højen?

8. Var figuren et spøgelse?

Fragen zum Verständnis

1. Was sind die Jelling Mounds?

2. Wann wurden die Jelling-Hügel genutzt?

3. Was hat der Autor im Inneren der Jelling Mounds gefunden?

4. Was ist eine interessante Tatsache über die Jelling Mounds?

5. Wie fühlte sich der Autor, als er um die Jelling Mounds herumging?

6. Welches Geräusch hörte der Autor, als er die Jelling Mounds besuchte?

7. Wie sah die Figur aus, die aus dem Erdhügel kam?

8. War die Figur ein Geist?

Danmarks vikingehistorie

Det første, du skal vide om Danmarks vikingehistorie, er, at danskerne var nogle af de mest frygtede **krigere** i deres tid. De var kendt for deres **brutalitet** og vildskab i kamp, og de plyndrede ofte andre lande for at plyndre deres ressourcer. Vikingerne var dog også dygtige landmænd, handlende og håndværkere, og de brugte deres færdigheder til at opbygge et velstående samfund. Et af de mest berømte aspekter af vikingekulturen er deres skibsbygningsteknologi. Vikingerne var i stand til at skabe utroligt robuste skibe, der kunne sejle over lange afstande og **modstå** barske forhold. Det gjorde det muligt for dem at rejse over hele Europa og endda nå frem til **Nordamerika**. Faktisk var en af de mest berømte vikingeforskere Leif Erikson, som sejlede fra Grønland hele vejen til Newfoundland i Canada!

En anden vigtig del af vikingernes kultur var deres religion. Vikingerne troede på mange guder og gudinder, bl.a. Odin (krigsguden), Thor (tordenguden), Freyja (kærlighedsgudinden) og Freyr

Dänemarks Geschichte der Wikinger

Das erste, was man über die Geschichte der dänischen Wikinger wissen muss, ist, dass die Dänen zu den gefürchtetsten **Kriegern** ihrer Zeit gehörten. Sie waren für ihre **Brutalität** und Grausamkeit im Kampf bekannt und überfielen oft andere Länder, um deren Ressourcen zu plündern. Die Wikinger waren jedoch auch geschickte Bauern, Händler und Handwerker und nutzten ihre Fähigkeiten, um eine wohlhabende Gesellschaft aufzubauen. Einer der berühmtesten Aspekte der Wikingerkultur ist ihre Schiffsbautechnik. Die Wikinger waren in der Lage, unglaublich robuste Schiffe zu bauen, die große Entfernungen zurücklegen und rauen Bedingungen **standhalten konnten**. So konnten sie ganz Europa bereisen und sogar **Nordamerika** erreichen. Einer der berühmtesten Wikinger-Entdecker war Leif Erikson, der von Grönland bis nach Neufundland in Kanada segelte!

Ein weiterer wichtiger Teil der Wikingerkultur war ihre Religion. Die Wikinger glaubten an viele Götter und Göttinnen, darunter Odin (der Kriegsgott), Thor (der

(frugtbarhedsguden). De **tilbad** disse guder ved at bygge templer kaldet "hofs", hvor de ofrede dyr eller endda mennesker. Vikingernes samfund var **opdelt** i tre klasser: adelige, frie mænd og slaver. Adelsmænd var rige godsejere, som havde magt over både frie mænd og slaver. Frimænd var fattige bønder eller håndværkere, der ejede lidt jord, men havde mere frihed end slaverne. Slaver var tilfangetagne fjender eller forbrydere, som ikke havde **nogen som helst** rettigheder; de kunne til enhver tid købes eller sælges af enhver med penge nok. Det første, du skal vide om Danmarks vikingehistorie, er, at danskerne var nogle af de mest frygtede krigere i deres tid. De var kendt for deres **brutalitet** og vildskab i kamp, og de plyndrede ofte andre **lande for at** plyndre deres ressourcer. Vikingerne var dog også dygtige landmænd, handlende og håndværkere, og de brugte deres færdigheder til at opbygge et **velstående** samfund.

Et af de mest berømte **aspekter** af vikingekulturen er deres skibsbygningsteknologi. Vikingerne var i stand til at skabe utroligt robuste skibe, der kunne sejle over lange afstande og **modstå** barske forhold. Det gjorde det muligt for dem at rejse over hele Europa og endda nå frem til Nordamerika.

Donnergott), Freyja (die Liebesgöttin) und Freyr (der Gott der Fruchtbarkeit). Sie **verehrten** diese Gottheiten durch den Bau von Tempeln, den so genannten "hofs", in denen sie Tiere oder sogar Menschen opferten. Die Gesellschaft der Wikinger war in drei Klassen unterteilt: Adlige, Freie und Sklaven. Adlige waren reiche Grundbesitzer, die Macht über Freie und Sklaven hatten. Freie waren arme Bauern oder Handwerker, die wenig Land besaßen, aber mehr Freiheit hatten als Sklaven. Sklaven waren gefangene Feinde oder Kriminelle, die **keinerlei** Rechte besaßen; sie konnten jederzeit von jedem, der genug Geld hatte, gekauft oder verkauft werden. Das erste, was man über die Geschichte der Wikinger in Dänemark wissen muss, ist, dass die Dänen zu den gefürchtetsten Kriegern ihrer Zeit gehörten. Sie waren für ihre **Brutalität** und Grausamkeit im Kampf bekannt und überfielen oft andere **Länder**, um deren Ressourcen zu plündern. Die Wikinger waren aber auch geschickte Bauern, Händler und Handwerker und nutzten ihre Fähigkeiten, um eine **wohlhabende** Gesellschaft aufzubauen.

Einer der berühmtesten **Aspekte** der Wikingerkultur ist ihre Schiffsbautechnik. Die Wikinger waren in der Lage, unglaublich robuste Schiffe zu bauen, die große Entfernungen zurücklegen und rauen Bedingungen **standhalten konnten**. So konnten sie ganz Europa bereisen und sogar Nordamerika erreichen.

Comprehension Questions

1. Hvad var danskerne kendt for i vikingetiden?

2. Hvordan byggede vikingerne deres skibe?

3. Hvorfor var vikingerne i stand til at rejse så langt?

4. Hvem var den mest berømte vikingeudforsker?

5. Hvad var vikingernes tro?

6. Hvilke tre klasser fandtes der i vikingesamfundet?

7. Hvad havde adelsmændene magt over?

8. Hvad ejede de frie mænd?

9. Hvad var slavernes skæbne?

Fragen zum Verständnis

1. Wofür waren die Dänen zur Zeit der Wikinger bekannt?

2. Wie haben die Wikinger ihre Schiffe gebaut?

3. Warum konnten die Wikinger so weit reisen?

4. Wer war der berühmteste Entdecker der Wikinger?

5. Woran glaubten die Wikinger?

6. Welche drei Klassen gab es in der Gesellschaft der Wikinger?

7. Worüber hatten die Adligen Macht?

8. Was besaßen die freien Bürger?

9. Was war das Schicksal der Sklaven?

Vandreture gennem Møns Klint

Solen var ved at gå ned, da jeg begyndte min vandring op ad Møns Klint. Jeg havde **planlagt** dette i ugevis, og endelig var dagen kommet. Luften var frisk, og himlen var klar; det var perfekt vandrevejr. Mens jeg gik, tog jeg den **fantastiske** udsigt over klipperne og havet nedenunder i øjesyn. Det føltes godt at være ude i naturen, væk fra hverdagens travlhed og travlhed. Jeg nåede toppen af Møns Klint, lige da solen var ved at forsvinde bag horisonten. Udsigten heroppefra var endnu mere **betagende,** end jeg havde forestillet mig. Jeg kunne se milevidt i alle **retninger,** og det føltes som om jeg var på toppen af verden. Efter at have beundret udsigten i et stykke tid begyndte jeg vandringen nedad igen. **Nedturen** var meget lettere end opturen, og jeg nåede bunden på ingen tid. Jeg var træt, men glad, da jeg gik tilbage til min bil; det havde været en perfekt dag.

Næste dag vågnede jeg tidligt og besluttede mig for at vandre op ad Møns Klint igen. Denne gang ville jeg udforske området lidt mere og se, om der var andre stier, som jeg kunne tage. Efter at have **konsulteret** et kort begav jeg mig ud på en ny sti, der førte mig

Wanderung durch Møns Klint

Die Sonne ging gerade unter, als ich meine Wanderung auf den Møns Klint begann. Das hatte ich schon seit Wochen **geplant,** und endlich war der Tag gekommen. Die Luft war frisch und der Himmel klar; es war das perfekte Wanderwetter. Während ich lief, genoss ich die **atemberaubende** Aussicht auf die Klippen und das Meer unter mir. Es war ein gutes Gefühl, in der Natur zu sein, weit weg von der Hektik des Alltags. Ich erreichte den Gipfel des Møns Klint, als die Sonne gerade hinter dem Horizont verschwand. Die Aussicht von hier oben war noch **atemberaubender**, als ich es mir vorgestellt hatte. Ich konnte kilometerweit in alle **Richtungen** sehen und hatte das Gefühl, auf dem Gipfel der Welt zu sein. Nachdem ich die Aussicht eine Weile bewundert hatte, machte ich mich auf den Rückweg. Der **Abstieg** war viel einfacher als der Aufstieg, und ich erreichte den Boden in kürzester Zeit. Ich war müde, aber glücklich, als ich mich auf den Rückweg zu meinem Auto machte; es war ein perfekter Tag gewesen.

Am nächsten Tag wachte ich früh auf und beschloss, erneut auf den Møns Klint zu wandern. Diesmal wollte ich die Gegend ein wenig mehr erkunden und sehen,

gennem noget **skov**. Der var uhyggeligt stille i skoven, og jeg begyndte at føle mig lidt urolig. Pludselig hørte jeg noget raslende i buskadset foran mig. Mit hjerte **slog hurtigere**, og jeg nærmede mig langsomt busken ... og fandt en lille kanin, der hoppede rundt! Jeg var lettet og grinede af mig selv, fordi jeg var så nervøs. Resten af **vandreturen** var **begivenhedsløs,** men der havde været nok spænding for én dag! Jeg var nu på min tredje vandredag, og jeg var blevet forelsket i området. Jeg havde aldrig før følt mig så forbundet med naturen, og jeg var ked af at tænke på, at min tid her var ved **at være** forbi. Jeg besluttede mig for at få mest muligt ud af min sidste dag ved at udforske en ny sti, der førte op i bakkerne.

Det var svært i starten, men jeg nåede hurtigt nok op på toppen. Heroppefra kunne jeg se milevidt i alle retninger; det var virkelig en betagende udsigt. Efter at have nydt landskabet i et stykke tid begyndte jeg at vandre nedad igen. Da jeg gik gennem skoven, fangede **noget** mit blik: en lille sti, der førte ud i det **fjerne**. Jeg var nysgerrig og fulgte den, indtil den endte i en lille **lysning ...** og der foran mig var der et **utroligt** syn: et vandfald!

ob es noch andere Wege gab, die ich nehmen konnte.
Nachdem ich eine Karte **konsultiert hatte**, schlug
ich einen neuen Weg ein, der mich durch einen **Wald**
führte. Der Wald war unheimlich still, und ich fühlte mich
ein wenig unwohl. Plötzlich hörte ich etwas im Gebüsch
vor mir rascheln. Mit **rasendem** Herzen näherte ich
mich langsam dem Gebüsch... und fand ein kleines
Kaninchen, das dort herumhoppelte! Erleichtert lachte
ich über mich selbst, weil ich so schreckhaft war. Der
Rest der **Wanderung** verlief **ereignislos**, aber es war
genug Aufregung für einen Tag gewesen! Es war nun
mein dritter Wandertag, und ich hatte mich in diese
Gegend verliebt. Ich hatte mich noch nie so sehr mit
der Natur verbunden gefühlt, und ich war traurig, dass
meine Zeit hier zu Ende gehen würde. Ich beschloss,
das Beste aus meinem letzten Tag zu machen und
einen neuen Weg zu erkunden, der in die Berge führte.

Der Weg war anfangs schwierig, aber bald erreichte
ich den Gipfel. Von hier oben konnte ich meilenweit
in alle Richtungen sehen; es war wirklich eine
atemberaubende Aussicht. Nachdem ich die Landschaft
eine Weile genossen hatte, machte ich mich auf
den Rückweg. Auf meinem Weg durch den Wald
fiel mir **etwas ins** Auge: ein kleiner Pfad, der in die
Ferne führte. Neugierig folgte ich ihm, bis er an einer
kleinen **Lichtung** endete... und dort bot sich mir ein
unglaublicher Anblick: ein Wasserfall!

Comprehension Questions

1. Hvor tager forfatteren på vandretur?

2. Hvad synes forfatteren om udsigten fra toppen af Møns Klint?

3. Hvad gør forfatteren på den anden dag af vandreturen?

4. Hvad finder forfatteren på den tredje dag af vandreturen?

5. Hvad tænker forfatteren om Møns Klint, da de forlader Møns Klint?

6. Hvor ligger Møns Klint?

7. Hvilken slags dyr skræmmer forfatteren på den anden dag af vandreturen?

8. Hvor mange dage vandrer forfatteren i alt?

Fragen zum Verständnis

1. Wo geht der Autor wandern?

2. Was hält der Autor von der Aussicht vom Gipfel des Møns Klint?

3. Was macht der Autor am zweiten Tag der Wanderung?

4. Was findet der Autor am dritten Tag der Wanderung?

5. Was denkt der Autor über Møns Klint, als sie gehen?

6. Wo befindet sich Møns Klint?

7. Welche Art von Tier erschreckt den Autor am zweiten Tag der Wanderung?

8. Wie viele Tage ist der Autor insgesamt gewandert?

Besøg i Nyhavn

Første gang jeg besøgte Nyhavn, var det kærlighed ved første blik. De farverige bygninger, de charmerende brostensbelagte gader, jeg vidste, at jeg måtte komme tilbage. Og det gjorde jeg så, igen og igen. Hvert besøg var som et lille stykke af **himlen**. Men så en dag **ændrede** noget **sig**. Nyhavn var ikke længere det samme som før. Farverne var dæmpede, gaderne var tomme ... Det føltes som en spøgelsesby. Jeg vidste ikke, hvad der var sket, men uanset hvad det var, **savnede** jeg det gamle Nyhavn inderligt. En dag, efter flere års fravær, besluttede jeg mig for at tage tilbage og se, om noget havde ændret sig. Til min **lettelse** (og glæde) var Nyhavn lige så **smuk som** altid! Farverne var endnu en gang klare, og gaderne var fulde af liv - det var som at træde ind i en drøm. " Jeg er ikke sikker på, hvad der fik mig til at komme tilbage til Nyhavn efter alle disse år.

 Måske var det minderne om alle de gode stunder, jeg havde haft der, eller måske savnede jeg bare stedet. **Uanset hvad** årsagen var, er jeg glad for, at jeg gjorde det. At gå ned ad de brostensbelagte gader igen, at se de farverige bygninger ... det var som at komme hjem. Og selv om Nyhavn har ændret sig gennem årene, er det stadig mit yndlingssted i verden. " Jeg vågnede

Besuch des Nyhavn

Als ich Nyhavn zum ersten Mal besuchte, war es Liebe auf den ersten Blick. Die farbenfrohen Gebäude, die charmanten Kopfsteinpflasterstraßen - ich wusste, dass ich wiederkommen musste. Und das tat ich auch, wieder und wieder. Jeder Besuch war wie ein kleines Stückchen vom **Himmel**. Aber dann, eines Tages, **änderte sich** etwas. Nyhavn war nicht mehr das, was es einmal war. Die Farben waren gedämpft, die Straßen waren leer... Es fühlte sich an wie eine Geisterstadt. Ich wusste nicht, was geschehen war, aber was auch immer es war, ich **vermisste** das alte Nyhavn sehr. Eines Tages, nach Jahren der Abwesenheit, beschloss ich, zurückzugehen und zu sehen, ob sich etwas verändert hatte. Zu meiner **Erleichterung** (und Freude) war Nyhavn so **schön** wie eh und je! Die Farben leuchteten wieder und in den Straßen herrschte reges Treiben - es war, als würde man in einen Traum eintauchen. "Ich bin mir nicht sicher, warum ich nach all den Jahren nach Nyhavn zurückgekehrt bin.

Vielleicht waren es die Erinnerungen an all die schönen Zeiten, die ich dort verbracht hatte, oder vielleicht vermisste ich den Ort einfach. **Was auch immer** der Grund war, ich bin froh, dass ich es getan habe. Wieder durch die kopfsteingepflasterten Straßen zu

til lyden af måger der skreg og bølger der **slog** mod kajerne. Solen **tittede** lige over horisonten og kastede et lyserødt og orange skær over himlen. Jeg gabte og strakte mig og følte mig **helt** rolig. Det var dage som disse, der gjorde mig glad for, at jeg havde valgt at bo i Nyhavn. Der var noget ved dette sted, der bare føltes rigtigt. Jeg stod op af sengen og gik over til vinduet og tog udsigten over Nyhavns havn i mig med et smil på læben. Alt så så fredeligt ud. så perfekt. " **Pludselig** hørte jeg råb udefra, **efterfulgt af** et højt brag. Mit hjerte **sprang** et slag **over,** mens jeg løb hen til vinduet og frygtede, hvad jeg kunne se. Men da jeg kiggede ned, så jeg kun en gruppe mennesker, der **grinede** og jublede - de var i gang med en slags leg med en af bådene, der lå i havnen. "

Jeg sukkede lettet op og grinede af mig selv, fordi jeg var så nervøs. Det er bare en af de ting, man vænner sig til at bo her," En dag, mens du **slentrer** ned ad en af Nyhavns brostensbelagte gader og beundrer de farverige bygninger, falder du over en lille dør **gemt** væk mellem to butikker.

gehen, die bunten Gebäude zu bewundern... es war
wie eine Heimkehr. Und auch wenn sich Nyhavn im
Laufe der Jahre verändert hat, ist es immer noch mein
Lieblingsort auf der Welt. "Als ich aufwachte, hörte ich
das Geschrei der Möwen und die Wellen, die gegen
die Docks **schlugen**. Die Sonne **lugte** gerade über
den Horizont und warf ein rosa-oranges Licht auf den
Himmel. Ich gähnte und streckte mich und fühlte mich
völlig ruhig. An Tagen wie diesen war ich froh, dass ich
mich entschieden hatte, in Nyhavn zu leben. Dieser Ort
hatte etwas an sich, das sich einfach richtig anfühlte.
Ich stand aus dem Bett auf und ging zum Fenster,
um die Aussicht auf den Hafen von Nyhavn mit einem
Lächeln im Gesicht zu genießen. Alles sah so friedlich
aus, so perfekt. "**Plötzlich** hörte ich Schreie von
draußen, **gefolgt** von einem lauten Krachen. Mein Herz
setzte einen Schlag **aus**, als ich zum Fenster rannte,
weil ich Angst hatte, was ich sehen würde. Aber als ich
hinunterblickte, sah ich nur eine Gruppe von Menschen,
die **lachten** und jubelten - sie spielten eine Art Spiel mit
einem der Boote, die im Hafen vertäut waren. "

Ich stieß einen Seufzer der Erleichterung aus
und lachte über mich selbst, weil ich so nervös
war. Eines Tages **schlenderst du** durch eine der
Kopfsteinpflasterstraßen von Nyhavn und bewunderst
die farbenfrohen Gebäude, als du auf eine kleine,
zwischen zwei Geschäften **versteckte** Tür stößt.

Comprehension Questions

1. Hvad siger forfatteren om Nyhavn første gang de besøgte den?

2. Hvordan har forfatteren det med Nyhavn, da de efter nogen tid besøger dem igen?

3. Hvorfor mener forfatteren, at Nyhavn har ændret sig?

4. Hvordan har forfatteren det, da han ser, at Nyhavn er den samme som før?

5. Hvad siger forfatteren om at bo i Nyhavn?

6. Hvad gør forfatteren, da de hører råb og et brag udenfor?

7. Hvad siger forfatteren om den lille dør, som de finder?

Fragen zum Verständnis

1. Was sagt der Autor über Nyhavn, als sie das erste Mal dort waren?

2. Was denkt der Autor über Nyhavn, wenn er nach einiger Zeit wiederkommt?

3. Warum hat sich Nyhavn nach Ansicht des Autors verändert?

4. Wie fühlt sich der Autor, als er sieht, dass Nyhavn noch genauso ist wie vorher?

5. Was sagt der Autor über das Leben in Nyhavn?

6. Was tut der Autor, als er draußen Schreie und ein Krachen hört?

7. Was sagt der Autor über die kleine Tür, die sie finden?

På stranden

Efter solopgang er bølgerne højere, og sandet over tidevandet er hvidt. Jeg går ned til stranden og **beundrer** havet og solen. Mine tæer mærker muslingernes riller. Sandet er koldt på mine tæer. Jeg smiler og går videre. Tidevandet er højt, så jeg skal passe på ikke at blive trukket ind i vandet. Jeg går langs vandkanten og beundrer havet. Solopgangen er **smuk, og** bølgerne brydes. Jeg føler mig så fredfyldt. Jeg kommer til et sted, hvor der er en klippeudspring. Jeg sætter mig ned og ser på bølgerne. Vandet er så blåt, og himlen er så **orange**. Jeg føler mig som om jeg er i en drøm. Jeg lukker øjnene og lytter bare til bølgerne. Jeg sad der længe, indtil jeg hørte nogen kalde mit navn.

Jeg åbner øjnene og ser min mor gå hen imod mig. Hun har et bekymret udtryk i ansigtet. Jeg smiler og vinker, og hun **slapper af**. "Jeg undrede mig over, hvor du gik hen," siger hun. "Jeg er glad for, at du nyder stranden." Jeg svarer: "Det gør jeg." "Det er så smukt her." "Det ved jeg godt," siger hun. "Jeg plejede at komme her hele tiden, da jeg var på din alder." "Virkelig?" Jeg spørger. "Ja," svarer hun. "Det er et specielt sted." "Har du nogensinde mødt nogen speciel her?" Jeg spørger. "Ja, det har jeg," svarer hun med et smil. "Din far."

Am Strand

Nach Sonnenaufgang sind die Wellen lauter und der Sand über der Flut ist weiß. Ich gehe hinunter zum Strand, **bewundere** das Meer und die Sonne. Meine Zehen spüren die Rillen der Muscheln. Der Sand ist kalt an meinen Zehen. Ich lächle und gehe weiter. Die Flut ist hoch, also muss ich aufpassen, dass ich nicht hineingezogen werde. Ich laufe am Ufer entlang und bewundere das Meer. Der Sonnenaufgang ist **wunderschön**, und die Wellen plätschern. Ich fühle mich so friedlich. Ich komme zu einer Stelle, an der ein Felsvorsprung steht. Ich setze mich hin und beobachte die Wellen. Das Wasser ist so blau und der Himmel ist so **orange**. Ich fühle mich wie in einem Traum. Ich schließe die Augen und lausche einfach nur den Wellen. Ich saß lange Zeit dort, bis ich hörte, wie jemand meinen Namen rief.

Ich öffne meine Augen und sehe meine Mutter auf mich zukommen. Sie hat einen besorgten Ausdruck im Gesicht. Ich lächle und winke, und sie **entspannt sich**. "Ich habe mich schon gefragt, wo du bist", sagt sie. "Ich freue mich, dass du den Strand genießt." Ich antworte: "Das tue ich." "Es ist so schön hier." "Ich weiß", sagt sie. "Als ich in deinem Alter war, bin ich ständig hierhergekommen." "Wirklich?" frage ich. "Ja",

"Virkelig?" Jeg siger **overrasket**. "Ja," siger hun. "Vi plejede at komme her hele tiden sammen. Det var her, vi blev forelskede. " Jeg smiler og **forestiller mig, at** mine forældre forelskede sig på denne smukke strand. "Det er et særligt sted," gentager hun. "Jeg er glad for, at du kom her i dag."

Vi sidder der et stykke tid endnu og **ser på** bølgerne og solnedgangen. Så rejser vi os og går tilbage til vores strandhåndklæder. Jeg lægger mig ned og kigger på stjernerne. Jeg føler mig så glad og tilfreds. Bølgerne er højere nu, og sandet er koldt. Solen er ved at gå ned, og der blæser en kølig brise. Bølgerne slår mod kysten, og der er en duft af salt i luften. Det er en perfekt aften at være på stranden. Jeg går langs kysten, **lytter** til lyden af bølgerne og ser solnedgangen. Jeg ser en gruppe mennesker sidde på sandet og grine og lave sjov. De ser ud til at have det sjovt. Jeg går hen til dem og spørger, om jeg må slutte mig til dem. De siger ja, og vi tilbringer resten af aftenen med at tale, grine og se **solnedgangen**. Det er en perfekt aften. Gruppen og jeg taler sammen, indtil solen går ned.

antwortet sie. "Es ist ein besonderer Ort.""Hast du hier jemals jemand Besonderen getroffen?" frage ich. "Ja", antwortet sie mit einem Lächeln. "Deinen Vater." "Wirklich?" sage ich **erstaunt**. "Ja", sagt sie. "Wir waren früher immer zusammen hier. Hier haben wir uns verliebt. "Ich lächle und **stelle mir** meine Eltern **vor, wie sie sich** an diesem schönen Strand verlieben. "Es ist ein besonderer Ort", wiederholt sie. "Ich bin froh, dass du heute hierher gekommen bist."

Wir sitzen noch eine Weile da und **beobachten** die Wellen und den Sonnenuntergang. Dann stehen wir auf und gehen zurück zu unseren Strandtüchern. Ich lege mich hin und schaue mir die Sterne an. Ich fühle mich so glücklich und zufrieden. Die Wellen sind jetzt lauter, und der Sand ist kalt. Die Sonne geht unter und eine kühle Brise weht. Die Wellen schlagen gegen das Ufer, und der Geruch von Salz liegt in der Luft. Es ist ein perfekter Abend, um am Strand zu sein. Ich spaziere am Ufer entlang, **lausche dem** Rauschen der Wellen und beobachte den Sonnenuntergang. Ich sehe eine Gruppe von Leuten, die lachend und scherzend im Sand sitzen. Sie sehen aus, als hätten sie eine tolle Zeit. Ich gehe zu ihnen hin und frage, ob ich mich zu ihnen setzen darf. Sie sagen ja, und wir verbringen den Rest des Abends damit, uns zu unterhalten, zu lachen und den **Sonnenuntergang** zu beobachten. Es ist ein perfekter Abend. Die Gruppe und ich unterhalten uns, bis die Sonne untergeht.

Comprehension Questions

1. Hvor går fortælleren hen, efter at hun er vågnet op?

2. Hvad er det, som fortælleren beundrer, mens hun går langs stranden?

3. Hvad skal fortælleren være opmærksom på, når hun går langs stranden?

4. Hvor sætter fortælleren sig ned for at nyde udsigten?

5. Hvor længe sidder fortælleren der?

6. Hvem ser fortælleren, da hun åbner øjnene igen?

7. Hvad siger fortæller fortællerens mor?

8. Hvad taler fortælleren og de mennesker, hun møder, om?

Fragen zum Verständnis

1. Wohin geht die Erzählerin, nachdem sie aufgewacht ist?

2. Was bewundert die Erzählerin, während sie am Strand entlanggeht?

3. Worauf muss die Erzählerin aufpassen, wenn sie am Strand entlanggeht?

4. Wo setzt sich der Erzähler hin, um die Aussicht zu genießen?

5. Wie lange sitzt der Erzähler dort?

6. Wen sieht die Erzählerin, als sie ihre Augen wieder öffnet?

7. Was sagt die Mutter des Erzählers?

8. Worüber sprechen die Erzählerin und die Menschen, die sie trifft?

Camping ved søen

Jeg går hen mod søen og **beundrer den** fredfyldte scene. Solen skinner ned på den lille sø og får vandet til at ligne en glasplade. Den eneste bevægelse er den lejlighedsvise krusning fra en fisk, der **bryder** overfladen. Selv fuglene synes at tage en pause fra varmen, og kun lyden af cikader fylder luften. **Pludselig** bliver freden brudt af et højt plask. En stor **fisk** er hoppet op af vandet og forsøger at fange en guldsmed. Fisken rammer forbi sit mål og falder tilbage i vandet med et plask. "Wow," tænker jeg ved mig selv, "det var en stor fisk!". Jeg kiggede mig omkring for at se, om der var andre, der havde set den, men der var ingen i nærheden. Jeg må vel fortælle dem det, når jeg kommer tilbage til lejren.

Varmen er **trykkende** og gør det svært at trække vejret. Luften er tyk og tung, som et tæppe, der er svøbt om dig. Den eneste lindring er i vandet. Det er køligt og forfriskende, som en kold drik på en varm dag. Jeg tager en dyb indånding og dykker ned i vandet. Jeg bliver straks lettet, da det kølige vand omgiver mig. Jeg svømmer ned til bunden og så op til overfladen igen og føler vandet køle min krop ned. Jeg fortsætter med at **svømme** omgange og nyder det behagelige pusterum fra varmen. Efter et stykke tid kommer jeg op af vandet

Camping am See

Ich gehe auf den See zu und **bewundere** die Ruhe, die hier herrscht. Die Sonne brennt auf den kleinen See und lässt das Wasser wie eine Glasscheibe aussehen. Die einzige Bewegung ist das gelegentliche Plätschern eines Fisches, der die Oberfläche durchbricht. Selbst die Vögel scheinen sich von der Hitze zu erholen, denn nur das Zirpen der Zikaden erfüllt die Luft. **Plötzlich wird** die Ruhe durch ein lautes Plätschern unterbrochen. Ein großer **Fisch ist aus dem** Wasser gesprungen und versucht, eine Libelle zu fangen. Der Fisch verfehlt sein Ziel und fällt mit einem Platschen zurück ins Wasser. "Wow", denke ich mir, "das war ein großer Fisch!". Ich schaue mich um, um zu sehen, ob ihn noch jemand gesehen hat, aber es ist niemand da. Ich werde es ihnen wohl erzählen müssen, wenn ich zum Camp zurückkehre.

Die Hitze ist **drückend** und macht das Atmen schwer. Die Luft ist dick und schwer, wie eine Decke, die einen einhüllt. Die einzige Erleichterung bietet das Wasser. Es ist kühl und erfrischend, wie ein kaltes Getränk an einem heißen Tag. Ich atme tief ein und tauche ins Wasser ein. Die Erleichterung tritt sofort ein, als mich das kühle Wasser umgibt. Ich schwimme auf den Grund und dann wieder an die Oberfläche und spüre, wie das

og lægger mig ned på græsset, så solen kan tørre min krop. Jeg lukker øjnene og falder i søvn, mens lyden af **cikaderne** luller mig ind i en dyb dvale. Jeg lader solen bage vandet ud af min hud. Jeg kan mærke, at min hud bliver rød, men jeg er ligeglad. Det næste jeg ved er, at solen er ved at gå ned. Himlen er smukt orange med striber af pink og lilla. Varmen er væk og erstattet af en kølig **brise**.

Jeg rejser mig op og tager mit tøj på igen og føler mig frisk og forynget. Jeg tager en dyb **indånding** af den kølige luft og smiler. Det føles godt at være i live. Jeg går tilbage til campingpladsen og beundrer den måde, farverne danser på himlen. Jeg kan se lejrbålet brænde i det fjerne, og jeg kan lugte røgen i luften. Jeg smiler og **sætter** farten **op**. Jeg er klar til at slappe af og nyde resten af min aften. Jeg går ind på lejrpladsen og ser, at alle er samlet omkring bålet. De **griner** og laver sjov, og jeg kan se ilden reflektere i deres øjne. Jeg smiler og sætter mig ned ved siden af mine venner. Det er godt at være tilbage. Næste morgen vågner jeg tidligt og begynder at pakke mine ting sammen.

Wasser meinen Körper kühlt. Ich **schwimme** weiter meine Runden und genieße die Abkühlung von der Hitze. Nach einer Weile steige ich aus dem Wasser und lege mich ins Gras, damit die Sonne meinen Körper trocknen kann. Ich schließe die Augen und schlafe ein. Das **Zirpen der Zikaden** wiegt mich in einen tiefen Schlaf. Ich lasse die Sonne das Wasser aus meiner Haut brennen. Ich spüre, wie meine Haut rot wird, aber es ist mir egal. Mir ist zu heiß, als dass es mir etwas ausmachen würde, und schon geht die Sonne unter. Der Himmel färbt sich orange mit rosa und violetten Reflexen. Die Hitze ist verschwunden und wird durch eine kühle **Brise** ersetzt.

Ich stehe auf und ziehe mich wieder an, fühle mich erfrischt und verjüngt. Ich **atme** tief die kühle Luft ein und lächle. Es ist ein gutes Gefühl, lebendig zu sein. Ich laufe zurück zum Campingplatz und bewundere, wie die Farben am Himmel tanzen. In der Ferne sehe ich das Lagerfeuer brennen und kann den Rauch in der Luft riechen. Ich lächle und **beschleunige** mein Tempo. Ich bin bereit, mich zu entspannen und den Rest des Abends zu genießen. Ich betrete den Lagerplatz und sehe, dass alle um das Feuer versammelt sind. Sie **lachen** und scherzen, und ich kann sehen, wie sich das Feuer in ihren Augen spiegelt. Ich lächle und setze mich neben meine Freunde. Es ist schön, wieder hier zu sein. Am nächsten Morgen wache ich früh auf und beginne, meine Sachen zu packen.

Comprehension Questions

1. Hvor skal den gående hen?

2. Hvilken slags vejr er det?

3. Hvordan ser vandet ud?

4. Hvordan reagerer rollatoren på varmen?

5. Hvad laver fisken?

6. Hvorfor er vandringsmanden alene?

7. Hvordan føles vandet?

8. Hvordan har den gående det efter svømning?

9. Hvad tid på dagen er det, når rollatoren vågner?

10. Hvor tager vandringsmanden hen, når han forlader lejren?

Fragen zum Verständnis

1. Wohin geht der Wanderer?

2. Was für ein Wetter ist es?

3. Wie sieht das Wasser aus?

4. Wie reagiert der Wanderer auf die Hitze?

5. Was macht der Fisch?

6. Warum ist der Wanderer allein?

7. Wie fühlt sich das Wasser an?

8. Wie fühlt sich der Wanderer nach dem Schwimmen?

9. Zu welcher Tageszeit wacht der Wanderer auf?

10. Wohin geht der Wanderer, wenn er das Lager verlässt?

Huset

Jeg flyttede ind i mit nye hus i sidste uge, og jeg er så
glad for det! Det er så meget større end mit gamle,
og det har en stor baghave. Jeg kan ikke vente med
at have venner på besøg til grillfester og fester. Mit
yndlingssted er mit nye soveværelse. Det er så stort og
lyst, og jeg har masser af plads til at lægge alle mine
ting. Jeg er virkelig glad for mit nye hus, og jeg tror, at
jeg vil blive meget glad her. Jeg besluttede mig for at
udforske huset lidt mere. Jeg gik op på anden sal og
begyndte at gå hen til køkkenet, da jeg så en stor sort
edderkop på væggen! Jeg skreg og løb ned ad trappen.
Jeg var så **bange**! Men efter et par minutter faldt jeg
til ro og besluttede mig for at gå tilbage ovenpå. Jeg
gik langsomt op i køkkenet og så, at edderkoppen var
væk. Jeg var så lettet! Jeg gik tilbage nedenunder
og besluttede mig for at gå udenfor for at udforske
baghaven. Den var så stor! Jeg kunne ikke tro det. Jeg
så en gynge i hjørnet og en rutsjebane. Jeg så også et
basketballnet og en **trampolin**. Jeg var så spændt!

Jeg kan ikke vente med at bruge alle de nye ting.
Naboerne kom over og præsenterede sig. De virkede
rigtig søde, og vi talte lidt sammen. De inviterede mig
til deres grillfest næste weekend, og jeg sagde, at jeg
gerne ville komme. Jeg har haft en god første uge i mit

Das Haus

Letzte Woche bin ich in mein neues Haus eingezogen, und ich bin so **aufgeregt**! Es ist viel größer als mein altes, und es hat einen großen Garten. Ich kann es kaum erwarten, Freunde zum Grillen und für Partys einzuladen. Mein Lieblingsteil ist mein neues Schlafzimmer. Es ist so groß und hell, und ich habe jede Menge Platz, um all meine Sachen unterzubringen. Ich bin wirklich glücklich mit meinem neuen Haus und denke, dass ich hier sehr glücklich sein werde. Ich beschloss, das Haus noch ein bisschen zu erkunden. Ich ging nach oben in den zweiten Stock und machte mich auf den Weg in die Küche, als ich eine große schwarze Spinne an der Wand sah! Ich schrie auf und rannte die Treppe hinunter. Ich war so **erschrocken**! Aber nach ein paar Minuten beruhigte ich mich und beschloss, wieder nach oben zu gehen. Langsam machte ich mich auf den Weg in die Küche und sah, dass die Spinne weg war. Ich war so erleichtert! Ich ging wieder nach unten und beschloss, nach draußen zu gehen, um den **Garten zu** erkunden. Sie war so groß! Ich konnte es nicht glauben. Ich sah eine Schaukel in der Ecke und eine Rutsche. Ich sah auch ein Basketballnetz und ein **Trampolin**. Ich war so aufgeregt!

Ich kann es kaum erwarten, all diese neuen Sachen

nye hus, og jeg glæder mig til alle de nye eventyr, der venter forude. I dag vil jeg gå på opdagelse i baghaven igen og se, hvad jeg ellers kan finde. Hvem ved, måske finder jeg endda en **skat**. Jeg glæder mig til at se, hvad den næste uge bringer! Den næste uge gik jeg på opdagelse i baghaven igen, og jeg fandt en **hemmelig** have. Den var så smuk! Der var blomster overalt og en lille dam med fisk i. Jeg så også et gyngestativ, som jeg ikke havde set før. Jeg var så glad for at finde denne hemmelige have, og jeg kan ikke vente med at udforske den mere. Den var så **smuk**!

Der var blomster overalt og en lille dam med fisk i. Jeg så også et gyngestativ, som jeg ikke havde set før. Jeg var så spændt på at finde denne hemmelige have, og jeg glæder mig til at udforske den mere. Jeg var også vild med mit nye værelse. Det var så stort og lyst, og der var allerede plakater af mine yndlingsbands på væggene.

zu benutzen. Die **Nachbarn** kamen vorbei und stellten sich vor. Sie schienen wirklich nett zu sein, und wir unterhielten uns eine Weile. Sie luden mich zu ihrem Grillfest am nächsten Wochenende ein, und ich sagte, dass ich gerne kommen würde. Ich hatte eine tolle erste Woche in meinem neuen Haus und freue mich auf all die neuen Abenteuer, die vor mir liegen. Heute werde ich wieder im Garten auf Entdeckungstour gehen und sehen, was ich noch alles finden kann. Wer weiß, vielleicht finde ich ja sogar einen **Schatz**. Ich kann es kaum erwarten, zu sehen, was die nächste Woche bringt! In der nächsten Woche bin ich wieder im Garten auf Entdeckungsreise gegangen und habe einen **geheimen** Garten gefunden. Er war so schön! Überall waren Blumen und ein kleiner Teich mit Fischen drin. Ich habe auch eine Schaukel gesehen, die ich vorher noch nie gesehen hatte. Ich war so aufgeregt, diesen geheimen Garten zu finden, und ich kann es kaum erwarten, ihn weiter zu erkunden. Er war so **schön**!

Überall gab es Blumen und einen kleinen Teich mit Fischen darin. Ich sah auch eine **Schaukel**, die ich vorher noch nicht gesehen hatte. Ich war so aufgeregt, diesen geheimen Garten zu finden, und ich kann es kaum erwarten, ihn weiter zu erkunden. Mein neues Zimmer hat mir auch gut gefallen. Es war so groß und hell, und an den Wänden hingen bereits Poster von meinen Lieblingsbands.

Comprehension Questions

1. Hvor bor den pågældende?

2. Hvordan kan personen lide at bo i det nye hus?

3. Hvad er den pågældendes yndlingssted i det nye hus?

4. Hvad fandt personen i haven?

5. Hvem er naboerne?

6. Hvordan føltes de første dage i det nye hus?

7. Hvad er den pågældendes foretrukne del af det nye rum?

8. Hvad har personen planer om at gøre i morgen?

9. Hvad var det bedste ved personens første uge i det nye hus?

Fragen zum Verständnis

1. Wo wohnt die Person?

2. Wie gefällt es der Person im neuen Haus?

3. Was gefällt der Person am besten an ihrem neuen Haus?

4. Was hat die Person im Garten gefunden?

5. Wer sind die Nachbarn?

6. Wie hat sich die Person in den ersten Tagen in der neuen Wohnung gefühlt?

7. Was gefällt der Person am besten an ihrem neuen Zimmer?

8. Was plant die Person morgen zu tun?

9. Was war das Beste an der ersten Woche im neuen Haus?

På toget

Jeg løb hen til togstationen, men jeg kom for sent. Toget var allerede kørt uden mig. Jeg følte mig så **vred** og **skuffet** over mig selv. Jeg havde planlagt at tage toget for at besøge mine bedsteforældre, som bor på landet, men nu skulle jeg vente en hel time på det næste tog. Jeg besluttede mig for at gå rundt i byen et stykke tid i stedet og forsøgte at glemme min forpassede chance. Mens jeg gik, begyndte jeg at **dagdrømme** om alle de steder, man kan komme med **tog.** Pludselig var jeg ikke længere så ked af det. Jeg går tilbage til stationen og kan ikke undgå at lægge mærke til det store røde, hvide og blå lokomotiv, der kommer kørende mod mig. Det er først da jeg ser **konduktøren** vinke til mig fra vinduet, at det går op for mig, at dette tog er til mig. Jeg stiger på toget og finder min plads og sætter mig til rette til det, der lover at blive en lang rejse.

Da vi kører ud af stationen, kan jeg ikke lade være med at tænke på, hvor dette tog vil føre mig hen. Gennem grønne **marker** og over blå floder, forbi bjerge og dale, der er ikke til at sige, hvor dette gamle tog vil køre hen. Da natten begynder at falde på, falder jeg i en **fredelig** søvn, vugget af de **rytmiske** bevægelser fra vognene på skinnerne nedenfor. Da morgenen kommer igen, åbner jeg øjnene og opdager, at vi er ankommet til en

Im Zug

Ich rannte zum Bahnhof, aber ich war zu spät. Der Zug war bereits ohne mich abgefahren. Ich war so **wütend** und **enttäuscht** von mir selbst. Ich hatte geplant, mit dem Zug meine Großeltern zu besuchen, die auf dem Land leben, aber jetzt würde ich eine ganze Stunde auf den nächsten Zug warten müssen. Ich beschloss, stattdessen eine Weile durch die Stadt zu laufen und versuchte, die verpasste Gelegenheit zu vergessen. Beim Spazierengehen begann ich von all den Orten zu **träumen, an die man mit dem Zug** gelangen kann. Plötzlich war ich nicht mehr so verärgert. Ich gehe zurück in den Bahnhof und kann nicht umhin, die große rot-weiß-blaue Lokomotive zu bemerken, die auf mich zu tuckert. Erst als ich den **Schaffner** sehe, der mir aus dem Fenster zuwinkt, wird mir klar, dass dieser Zug für mich bestimmt ist. Ich steige ein, suche mir einen Sitzplatz und mache mich auf eine lange Reise gefasst.

Als wir aus dem Bahnhof fahren, frage ich mich, wohin dieser Zug mich wohl bringen wird. Durch grüne **Felder** und über blaue Flüsse, vorbei an Bergen und Tälern - man weiß nie, wohin dieser alte Zug fahren wird. Als die Nacht hereinbricht, falle ich in einen **friedlichen** Schlaf, der von der **rhythmischen** Bewegung der Waggons auf den Gleisen unter mir eingelullt wird. Als

lille by et sted midt i ingenting. Solen titter lige frem over horisonten, mens de lokale begynder at myldre rundt på Main Street; det ligner enhver anden dag her bortset fra én ting - der er et stort skilt ved rådhuset, hvor der står "Velkommen om bord!" Det ser ud til, at denne lille by har ventet os, selv om vi bare er et almindeligt passagertog, der kører igennem på vej til et andet sted. Da vi endnu en gang lægger byen bag os og kører videre mod hvem ved hvor vi nu skal hen, smiler jeg til alle de venlige ansigter, der vinker farvel fra de små huse, der ligger i **landskabet - det** er virkelig utroligt, hvordan noget så tilsyneladende almindeligt kan bringe så meget glæde blot ved at passere. Og så er der selvfølgelig **børnene**.

Jeg læner mig ud af vinduet på mit lokomotiv. De gør mig altid så glad med deres strålende øjne og store grin. Jeg vinker energisk tilbage til dem, inden jeg vender tilbage til min **kabine** og sætter mig ned. Det har allerede været en lang dag, men den er ikke slut endnu; der er stadig et par timer til, før vi når vores endelige **destination**. Jeg tager min bog frem og begynder at læse, mens jeg lader togets rytmiske gyngen lulle mig ind i en fredfyldt tilstand.

ich am nächsten Morgen die Augen öffne, sehe ich, dass wir in einer kleinen Stadt irgendwo im Nirgendwo angekommen sind. Die Sonne lugt gerade über den Horizont, als die Einheimischen beginnen, sich auf der Hauptstraße zu bewegen. Es sieht aus wie jeder andere Tag hier, bis auf eine Ausnahme: In der Nähe des Rathauses steht ein großes Schild mit der Aufschrift "Willkommen an Bord! Es scheint, als hätte diese kleine Stadt uns erwartet, obwohl wir nur ein gewöhnlicher Personenzug sind, der auf dem Weg zu einem anderen Ziel durchfährt. Als wir die Stadt wieder hinter uns lassen und in Richtung wer weiß wohin tuckern, lächle ich über all die freundlichen Gesichter, die uns aus den kleinen Häusern zwischen den **Feldern** zuwinken - **es ist** wirklich erstaunlich, wie etwas so scheinbar Alltägliches so viel Freude bereiten kann, wenn man einfach durchfährt. Und dann sind da natürlich noch die **Kinder**.

Ich lehne mich aus dem Fenster meiner Lokomotive. Mit ihren leuchtenden Augen und ihrem breiten Grinsen machen sie mich immer so glücklich. Ich winke ihnen energisch zu, bevor ich in mein **Abteil** zurückkehre und mich setze. Es war schon ein langer Tag, aber er ist noch nicht zu Ende; es sind noch ein paar Stunden, bis wir unser endgültiges **Ziel** erreichen. Ich ziehe mein Buch heraus und beginne zu lesen, während mich das rhythmische Schaukeln des Zuges in einen friedlichen Zustand versetzt.

Comprehension Questions

1. Hvor skal toget hen?

2. Hvem rejser med toget?

3. Hvornår kører toget?

4. Hvordan kommer hovedpersonen på toget?

5. Hvor kommer toget fra?

6. Hvor skal toget hen næste gang?

7. Hvornår ankom passagererne?

8. Hvordan har hovedpersonen det, da han misser toget?

9. Hvordan reagerer lokomotivføreren, da han ser hovedpersonen?

Fragen zum Verständnis

1. Wohin fährt der Zug?

2. Wer reist mit dem Zug?

3. Wann fährt der Zug ab?

4. Wie kommt der Protagonist in den Zug?

5. Woher kommt der Zug?

6. Wohin fährt der Zug als nächstes?

7. Wann sind die Passagiere angekommen?

8. Wie fühlt sich der Protagonist, als er den Zug verpasst?

9. Wie reagiert der Zugführer, als er den Protagonisten sieht?

Tilberedning af aftensmad

Klokken er 17.00 nu, og jeg er på vej hjem fra arbejde. Jeg **glæder mig** til at få en rolig aften derhjemme med min partner. Vi laver aftensmad sammen og slapper så bare af resten af aftenen. Det føles godt at vide, at jeg ikke har nogen planer eller forpligtelser denne **aften**. Jeg kommer hjem, og min partner er allerede i køkkenet og er begyndt at forberede vores middag. Det dufter **fantastisk** herinde! Vi snakker, mens vi laver mad, og vi får snakket om hinandens dage og deler små historier fra vores arbejdsliv. Køkkenet er mit yndlingsrum i vores lejlighed. Jeg elsker at lave mad, og jeg elsker især at lave mad sammen med min partner. Vi har det altid så sjovt herinde, hvor vi griner og laver sjov, mens vi laver mad i en storm. Desuden er maden altid **fantastisk,** når vi arbejder **sammen**.

I aften laver vi en af mine absolutte yndlingsopskrifter: **kylling** med parmesan. Min partner starter med at panere kyllingen, mens jeg får saucen til at simre på **komfuret**. Vi arbejder sammen som en velsmurt maskine, og inden længe er maden klar til servering. Vi sætter os ved vores lille køkkenbord med **tallerkener** fyldt med parmesankylling, pasta og salat. Vi klirrer med glassene og tager den første bid - og det er **himmelsk!**

Abendessen kochen

Es ist jetzt 17 Uhr und ich gehe von der Arbeit nach Hause. Ich freue **mich** auf einen ruhigen Abend zu Hause mit meinem Partner. Wir werden gemeinsam kochen und uns dann den Rest des Abends entspannen. Es ist ein gutes Gefühl, zu wissen, dass ich heute **Abend** keine Pläne oder Verpflichtungen habe. Als ich zu Hause ankomme, steht mein Partner bereits in der Küche und beginnt mit der Zubereitung unseres Abendessens. Es riecht **fantastisch** hier drin! Während wir kochen, plaudern wir über den Tag des anderen und erzählen uns kleine Geschichten aus unserem Arbeitsleben. Die Küche ist mein Lieblingsraum in unserer Wohnung. Ich liebe es zu kochen, und ganz besonders liebe ich es, mit meinem Partner zu kochen. Wir haben immer so viel Spaß hier drin, lachen und scherzen, während wir kochen. Außerdem ist das Essen immer **unglaublich**, wenn wir **zusammen** arbeiten.

Heute Abend machen wir eines meiner absoluten Lieblingsrezepte: **Hähnchen** Parmesan. Mein Partner beginnt mit dem Panieren des Hähnchens, während ich die Soße auf dem **Herd** zum Kochen bringe. Wir arbeiten zusammen wie eine gut geölte Maschine,

Kyllingen er sprød udenpå, men saftig indeni; saucen er smagfuld og perfekt; pastaen er kogt al dente ... alt smager helt perfekt i aften. Vi ved begge to, at det var en af de aftener, hvor alt bare var perfekt, mens vi **nyder** hver eneste bid af vores lækre måltid. Det smagte endnu bedre end det lugtede - og det var fandeme godt! Vi spiser forholdsvis hurtigt op, da ingen af os er særlig sultne i dag, men vi tager os god tid til at nyde et par **glas** vin mere, mens vi snakker let om dette og hint emne. Efter middagen rydder vi hurtigt op sammen og bevæger os derefter ind i stuen, hvor vi bruger lidt tid på at **hygge os i** sofaen, mens vi ser tv.

Det føles så dejligt at være tæt på hinanden efter en lang **arbejdsdag, hvor vi har været** adskilt. Jeg føler mig tilfreds. Selv om vi ikke havde en begivenhedsrig aften, var det rart bare at tilbringe lidt tid sammen uden at skulle forlade huset. Vi så en film og gik tidligt i seng og følte os **tilfredse** med vores enkle aften.

und schon bald ist das Abendessen servierfertig. Wir setzen uns an unseren kleinen Küchentisch mit **Tellern voller** Hähnchen Parmesan, Nudeln und Salat. Wir stoßen mit den Gläsern an und nehmen unseren ersten Bissen - und der ist **himmlisch**! Das Hähnchen ist außen knusprig, aber innen saftig; die Soße ist würzig und perfekt; die Nudeln sind al dente gekocht... alles schmeckt heute Abend absolut perfekt. Wir wissen beide, dass dies einer dieser Abende war, an denen alles perfekt zusammenpasst, und wir **genießen** jeden einzelnen Bissen unseres köstlichen Essens. Es hat sogar noch besser geschmeckt, als es gerochen hat - und das war verdammt gut! Wir sind relativ schnell fertig mit dem Essen, da keiner von uns heute besonders hungrig ist, aber wir lassen uns Zeit und genießen noch ein paar **Gläser** Wein, während wir uns über dieses und jenes Thema unterhalten. Nach dem Essen räumen wir schnell zusammen auf und gehen dann ins Wohnzimmer, wo wir noch eine Weile auf der Couch **kuscheln** und fernsehen.

Es ist so schön, sich nach einem langen **Arbeitstag** einfach nur nahe zu sein. Ich fühle mich zufrieden. Auch wenn wir keinen ereignisreichen Abend hatten, war es schön, einfach etwas Zeit miteinander zu verbringen, ohne das Haus verlassen zu müssen. Wir haben uns einen Film angesehen und sind früh ins Bett gegangen, weil wir mit unserem einfachen Abend **zufrieden waren**.

Comprehension Questions

1. Hvor kommer fortælleren fra?

2. Hvad laver fortælleren efter arbejde?

3. Hvad spiser fortælleren til aftensmad?

4. Hvorfor kan fortælleren lide køkkenet?

5. Hvilken slags ret laver parret?

6. Hvordan føler fortælleren sig ved slutningen af aftenen?

7. Hvad er parrets yndlingsbeskæftigelse?

8. Hvad gør parret, når de bliver trætte?

9. Hvor sover de?

10. Hvorfor kan fortælleren lide at blive hjemme?

Fragen zum Verständnis

1. Woher kommt der Erzähler?

2. Was macht der Erzähler nach der Arbeit?

3. Was isst der Erzähler zum Abendessen?

4. Warum mag der Erzähler die Küche?

5. Was für ein Gericht kocht das Paar?

6. Wie fühlt sich der Erzähler am Ende des Abends?

7. Was ist die Lieblingsbeschäftigung des Paares?

8. Was tun die beiden, wenn sie müde werden?

9. Wo schlafen sie?

10. Warum bleibt der Erzähler gerne zu Hause?

På vej hjem

Det var en **fredelig** aften, da jeg gik hjem fra arbejde. Mens jeg gik, kunne jeg ikke lade være med at smile over minderne. Det føltes godt at være tilbage i mit gamle kvarter. Jeg vinkede til et par mennesker, jeg kendte, og de vinkede tilbage. Det var godt at være hjemme. Jeg gik forbi min gamle skole og **huskede** alle de gode stunder, jeg havde haft med mine venner. Vi gik altid hjem sammen og talte om vores dag. **Nogle gange** stoppede vi op og fik is eller gik i parken. Det var de bedste tider. Jeg savner den tid. Men nu har jeg min egen familie, og jeg er tilfreds med mit liv. Jeg er glad for, at jeg kan se tilbage på disse minder og smile. De er en del af mit liv, som jeg altid vil værdsætte. Det var den bedste tid. Jeg savner den tid. Men nu har jeg min egen familie, og jeg er tilfreds med mit liv. Jeg er glad for, at jeg kan se tilbage på disse **minder** og smile. De er en del af mit liv, som jeg altid vil værdsætte.

Jeg fortsætter med at gå og tænker på de gode stunder, jeg havde med mine venner. Jeg ved, at jeg snart vil se dem igen. Jeg går mod mit hjem og beslutter mig for at gå gennem en park i nærheden. Solen er ved at gå ned, og himlen er ved at få en **smuk** orange farve. Parken er tom, bortset fra et par fugle, der kvidrer i træerne. Jeg tager en dyb **indånding** og smiler. Mens

Nach Hause gehen

Es war eine **friedliche** Nacht, als ich von der Arbeit nach Hause ging. Als ich ging, konnte ich nicht anders, als über die Erinnerungen zu lächeln. Es fühlte sich gut an, wieder in meiner alten Nachbarschaft zu sein. Ich winkte ein paar Leuten zu, die ich kannte, und sie winkten zurück. Es war schön, wieder zu Hause zu sein. Ich ging an meiner alten Schule vorbei und **erinnerte mich an** all die schönen Zeiten, die ich mit meinen Freunden hatte. Wir gingen immer zusammen nach Hause und sprachen über unseren Tag. **Manchmal hielten** wir an, um ein Eis zu essen oder in den Park zu gehen. Das waren die besten Zeiten. Ich vermisse diese Zeiten. Aber jetzt habe ich meine eigene Familie und bin glücklich mit meinem Leben. Ich bin froh, dass ich auf diese Erinnerungen zurückblicken und lächeln kann. Sie sind ein Teil meines Lebens, den ich immer in Ehren halten werde. Das waren die besten Zeiten. Ich vermisse diese Zeiten. Aber jetzt habe ich meine eigene Familie und bin glücklich mit meinem Leben. Ich bin froh, dass ich auf diese **Erinnerungen** zurückblicken und lächeln kann. Sie sind ein Teil meines Lebens, den ich immer in Ehren halten werde.

Ich gehe weiter und denke an die schöne Zeit, die ich mit meinen Freunden hatte. Ich weiß, dass ich sie bald

jeg går gennem parken, ser jeg et stjerneskud strejfe hen over himlen. Jeg ønsker mig noget på den stjerne og fortsætter min gåtur. Jeg tænker på min dag på arbejdet, og hvor **fredfyldt** den var. Jeg smiler for mig selv og tænker på, hvor heldig jeg er med at have så godt et job. Jeg går hjem og **mærker den** kølige natteluft på min hud. Jeg føler mig så levende og glad, fordi jeg bare nyder den simple handling at gå hjem på en fredelig aften. Jeg havde det så godt, at jeg begyndte at **fløjte**. Jeg gik forbi et par mennesker på gaden, men de passede alle sammen deres egne sager.

Jeg drejede om hjørnet ind på min gade og så min nabos kat, Mr. Whiskers, sidde på min veranda. Jeg sagde hej til ham, og han miavede tilbage. Jeg **låste** min dør **op** og gik ind. Jeg var så glad for at være hjemme. Jeg tog mine sko af og gjorde mig klar til at gå i seng. Jeg gik i seng den aften og følte mig glad og taknemmelig, mit hjerte var fuldt af kærlighed. Jeg sov trygt hele natten og bekymrede mig ikke om noget.

wiedersehen werde. Ich mache mich auf den Weg nach Hause und beschließe, durch einen nahe gelegenen Park zu gehen. Die Sonne geht gerade unter und der Himmel färbt sich in ein **schönes** Orange. Der Park ist leer, bis auf ein paar Vögel, die in den Bäumen zwitschern. Ich **atme** tief ein und lächle. Als ich durch den Park gehe, sehe ich eine Sternschnuppe über den Himmel huschen. Ich wünsche mir etwas von dieser Sternschnuppe und laufe weiter. Ich denke an meinen Arbeitstag und daran, wie **friedlich** er war. Ich lächle vor mich hin und denke daran, wie viel Glück ich habe, einen so tollen Job zu haben. Ich gehe nach Hause und **spüre** die kühle Nachtluft auf meiner Haut. Ich fühle mich so lebendig und glücklich, weil ich es einfach genieße, in einer friedlichen Nacht nach Hause zu gehen. Ich fühlte mich so gut, dass ich anfing zu **pfeifen**. Ich ging an ein paar Leuten auf der Straße vorbei, aber sie kümmerten sich alle um ihre eigenen Angelegenheiten.

Ich bog um die Ecke in meine Straße und sah die Katze meines Nachbarn, Mr. Whiskers, auf meiner Veranda sitzen. Ich grüßte ihn, und er miaute zurück. Ich **schloss** meine Tür auf und ging hinein. Ich war so froh, zu Hause zu sein. Ich zog meine Schuhe aus und machte mich bettfertig. Ich ging an diesem Abend mit einem Gefühl der Freude und Dankbarkeit ins Bett, mein Herz war voller Liebe. Ich schlief die ganze Nacht durch und machte mir keine Sorgen.

Comprehension Questions

1. Hvad lavede hovedpersonen, da historien begyndte?

2. Hvad tænkte hovedpersonen på, da han gik hjem?

3. Hvad plejede hovedpersonen at lave med sine venner efter skoletid?

4. Hvad savner hovedpersonen fra den tid?

5. Hvad tænker hovedpersonen om sit nuværende liv?

6. Hvad gør hovedpersonen, når han ser et stjerneskud?

7. Hvordan har hovedpersonen det, når de går hjem?

8. Hvad gør hovedpersonen, når de kommer hjem?

Fragen zum Verständnis

1. Was machte der Protagonist, als die Geschichte begann?

2. Woran hat der Protagonist auf dem Heimweg gedacht?

3. Was hat der Protagonist nach der Schule mit seinen Freunden gemacht?

4. Was vermisst der Protagonist aus dieser Zeit?

5. Was denkt der Protagonist über sein derzeitiges Leben?

6. Was tut der Protagonist, wenn er eine Sternschnuppe sieht?

7. Wie fühlt sich der Protagonist, wenn er nach Hause geht?

8. Was macht der Protagonist, wenn er nach Hause kommt?

Slottet

Familien havde altid ønsket at besøge et gammelt slot i **Tyskland, og** endelig tog de af sted. De blev ikke **skuffede**. Slottet var smukt, og de nød at udforske de mange rum og gange. Det første, der slog dem, var lugten. De fandt **skimmelsvamp**, fugt og noget andet, som de ikke helt kunne sætte en finger på. Den anden ting var lyden. Stenvægge er tykke, men de dæmper ikke lyden helt. De hørte hvert eneste skridt, hvert eneste ord, der blev sagt med en normal stemme, og lejlighedsvis dryppede der vand **et sted i det** fjerne. Da deres øjne vænnede sig til det svage lys, så de massive stenvægge, der tårnede sig op omkring dem, og fra dem hang gobelinerne i **flossede** stykker. De stod i en enorm hal med et højt loft, der blev støttet af udskårne søjler. De var også vilde med udsigten fra tårnene, og børnene havde det sjovt at løbe rundt på området. **Solen** var begyndt at gå ned, da de var færdige med at udforske slottet, og de beklagede, at de ikke havde taget en **lommelygte** med. De besluttede sig for at gå tilbage til indgangen, men fandt hurtigt ud af, at de var faret vild. De vandrede rundt i det, der føltes som timer, indtil de endelig stødte på en dør, der førte ud. De fortsatte, indtil de **nåede** enden af gangen og kom til et imponerende sæt dobbeltdøre. De prøvede så meget de kunne, men dørene ville ikke røre sig. De rasler

Das Schloss

Die Familie wollte schon immer ein altes Schloss in **Deutschland** besichtigen, und schließlich machten sie sich auf den Weg. Sie wurden nicht **enttäuscht**. Das Schloss war wunderschön, und sie genossen es, die vielen Räume und Gänge zu erkunden. Das erste, was ihnen auffiel, war der Geruch. Sie fanden **Schimmel**, Feuchtigkeit und etwas anderes, das sie nicht genau zuordnen konnten. Das zweite war der Klang. Steinmauern sind zwar dick, aber sie dämpfen den Schall nicht vollständig. Sie hörten jeden Schritt, jedes Wort, das mit normaler Stimme gesprochen wurde, und das gelegentliche Tröpfeln von Wasser **irgendwo** in der Ferne. Als sich ihre Augen an das schwache Licht gewöhnt hatten, sahen sie um sich herum massive Steinwände, an denen Wandteppiche in **Fetzen** hingen. Sie befanden sich in einer riesigen Halle mit einer hohen Decke, die von geschnitzten Säulen getragen wurde. Auch die Aussicht von den Türmen gefiel ihnen, und die Kinder hatten viel Spaß beim Herumtollen auf dem Gelände. Als sie mit der Erkundung des Schlosses fertig waren, ging die **Sonne** bereits unter, und sie bedauerten, dass sie keine **Taschenlampe** mitgenommen hatten. Sie beschlossen, sich auf den Rückweg zum Eingang zu machen, aber sie hatten sich bald verlaufen. Sie irrten gefühlte Stunden umher,

ildevarslende, men bevæger sig ikke en tomme. Det så ud som om den, der har været her før, må være gået igennem her og have låst dem indefra. Til sidst finder de en vej ud. Lettelse skyllede over dem, da de trådte ud i den kølige natteluft.

Solen var begyndt at gå ned, og de **beklagede,** at de ikke havde taget en lommelygte med. De besluttede sig for at gå tilbage til indgangen, men fandt hurtigt ud af, at de var faret vild. De vandrede rundt i det, der føltes som timer, indtil de til sidst stødte på en dør, der førte **udenfor.** Lettethed skyllede over dem, da de trådte ud i den kølige natteluft. Næste aften sørgede de for at tage en lommelygte med sig, da de udforskede resten af slottet. De gik gennem **gården** og ned til floden, der løb bag **slottets** mure. Mens de gik rundt, begyndte de at høre mærkelige lyde. Det lød som om, at nogen fulgte efter dem. De satte farten op, men lydene blev højere og tættere. Familien løb tilbage til slottet så hurtigt de kunne, og de var lettede over at se, at skikkelsen i den **mørke** kappe ikke havde fulgt efter dem.

bis sie schließlich auf eine Tür stießen, die nach draußen führte. Sie gingen weiter, bis sie das Ende des Flurs **erreichten** und vor einer imposanten Doppeltür standen. So sehr sie sich auch bemühten, die Türen rührten sich nicht. Sie klapperten **bedrohlich**, aber sie bewegten sich keinen Zentimeter. Es sah so aus, als ob derjenige, der vorher hier war, hier durchgegangen sein musste und sie von innen verriegelt hatte. Schließlich fanden sie einen Weg nach draußen. Erleichterung überkam sie, als sie in die kühle Nachtluft hinaustraten.

Die Sonne begann unterzugehen, und sie **bedauerten,** dass sie keine Taschenlampe mitgenommen hatten. Sie beschlossen, sich auf den Weg zurück zum Eingang zu machen, aber sie hatten sich bald verlaufen. Sie irrten gefühlte Stunden umher, bis sie schließlich auf eine Tür stießen, die **nach draußen** führte. Erleichterung machte sich in ihnen breit, als sie in die kühle Nachtluft hinaustraten. Am nächsten Abend nahmen sie auf jeden Fall eine Taschenlampe mit, um den Rest des Schlosses zu erkunden. Sie gingen durch den **Innenhof** und hinunter zum Fluss, der hinter den Schlossmauern verlief. Als sie umhergingen, hörten sie seltsame Geräusche. Es hörte sich an, als würde sie jemand verfolgen. Sie beschleunigten ihren Schritt, aber die Geräusche wurden lauter und kamen näher. Die Familie rannte so schnell sie konnte zum Schloss zurück und war erleichtert, dass die Gestalt in dem **dunklen** Mantel ihnen nicht gefolgt war.

Comprehension Questions

1. Hvad gjorde familien, da de farede vild på slottet?

2. Hvordan havde familien det, da de fandt ud af, at det bare var en lokal mand?

3. Hvad gjorde manden, som fik ham arresteret?

4. Hvad var straffen for manden?

5. Hvilken støj hørte familien, mens de gik?

6. Hvor var skikkelsen i den mørke kappe, da familien så ham?

7. Hvad gjorde familien, da de kom tilbage til deres værelse?

8. Hvornår gik familien på opdagelse på slottet igen?

Fragen zum Verständnis

1. Was hat die Familie getan, als sie sich im Schloss verlaufen hat?

2. Wie hat sich die Familie gefühlt, als sie erfuhr, dass es sich nur um einen Einheimischen handelte?

3. Was hat der Mann getan, dass man ihn verhaftet hat?

4. Wie lautete das Urteil für den Mann?

5. Welches Geräusch hat die Familie gehört, während sie spazieren ging?

6. Wo war die Gestalt in dem dunklen Mantel, als die Familie sie sah?

7. Was hat die Familie getan, als sie in ihr Zimmer zurückkam?

8. Wann hat die Familie das Schloss wieder erkundet?

Min have

Min have er mit lykkelige sted. Jeg går derud hver dag, uanset om det er regn eller solskin, og bruger tid på at passe mine planter. Jeg har lidt af **hvert - grøntsager**, frugt, blomster, urter. Jeg har endda et par høns, som hjælper med at holde skadedyrene på afstand. Jeg starter mine dage i haven med at samle æg fra hønsene. Derefter tjekker jeg mine grøntsager og sørger for, at de får nok vand og sol. Jeg luger bedene og fjerner alle insekter, der **angriber** planterne. Når **alt er ordnet,** læner jeg mig tilbage og nyder freden og stilheden i naturen.

Jeg har altid elsket at tilbringe tid i min have. Der er noget ved at være omgivet af naturen og al den **skønhed, som** den har at byde på. Jeg synes, at det er et meget fredeligt og beroligende sted. Jeg bruger ofte tid i min have på at slappe af og nyde landskabet. Jeg nyder også at arbejde i min have og dyrke ting. Jeg har en ret stor have, og jeg kan lide at dyrke mange **forskellige** ting i den. Jeg dyrker blomster, **grøntsager** og krydderurter. Jeg har også et par frugttræer, som producerer nogle lækre æbler, pærer og blommer. Ud over at dyrke ting nyder jeg også at bruge tid på bare at gå rundt i min have og **beundre** alle de forskellige planter og dyr, der bor her. Jeg har brugt mange timer

Mein Garten

Mein Garten ist mein Lieblingsplatz. Ich gehe jeden Tag hinaus, egal ob es regnet oder scheint, und verbringe Zeit damit, meine Pflanzen zu pflegen. Ich habe von **allem ein** bisschen - **Gemüse**, Obst, Blumen, Kräuter. Ich habe sogar ein paar Hühner, die mir helfen, die Schädlinge in Schach zu halten. Ich beginne meine Tage im Garten, indem ich den Hühnern Eier abhole. Dann schaue ich nach meinem Gemüse und stelle sicher, dass es genug Wasser und Sonne bekommt. Ich jäte Unkraut auf den Beeten und entferne Ungeziefer, das die Pflanzen **angreifen** könnte. Wenn **alles erledigt** ist, lehne ich mich zurück und genieße den Frieden und die Ruhe der Natur.

Ich habe schon immer gerne Zeit in meinem Garten verbracht. Es hat etwas, von der Natur und all der **Schönheit**, die sie zu bieten hat, umgeben zu sein. Ich empfinde ihn als einen sehr friedlichen und beruhigenden Ort. Ich verbringe oft Zeit in meinem Garten, um mich zu entspannen und die Landschaft zu genießen. Ich arbeite auch gerne in meinem Garten und baue Dinge an. Ich habe einen ziemlich großen Garten, in dem ich gerne **verschiedene** Dinge anbaue. Ich baue Blumen, **Gemüse** und Kräuter an. Ich habe auch ein paar Obstbäume, die leckere Äpfel, Birnen

i årenes løb på at gøre min **have til** et sted, der ikke kun er smukt, men også funktionelt. Jeg elsker at se fuglene flyve rundt og lytte til deres sang. Nogle gange tager jeg endda en bog frem og læser i haven, mens jeg er omgivet af al den skønhed, som jeg har skabt. **Havearbejde** er min passion, og det giver mig så meget glæde. Hver dag i min have er en god dag.

En af de ting, jeg elsker at lave mad, er at lave mad, så det er meget **vigtigt** for mig at have en velassorteret urtehave. Timian, basilikum, oregano, rosmarin, salvie og lavendel er blot nogle af de krydderurter, som jeg gerne dyrker i min have, så jeg kan bruge dem, når jeg laver mad til mig selv eller til **gæster**. En anden ting, der er vigtig for mig, når det gælder min have, er at sørge for, at der er masser af farver i hele haven. For at nå dette mål dyrker jeg en lang række forskellige blomster, herunder **roser**, liljer, tusindfryd, tulipaner, impatiens, morgenfruer osv. Ud over at tilføje farve med blomster kan jeg også godt lide at skabe interesse ved at bruge forskellige **teksturer i** haven.

und Pflaumen hervorbringen. Ich baue nicht nur Dinge an, sondern verbringe auch gerne Zeit damit, durch meinen Garten zu spazieren und all die verschiedenen Pflanzen und Tiere zu **bewundern**, die dort zu Hause sind. Im Laufe der Jahre habe ich viele Stunden damit verbracht, meinen **Garten** zu einem Ort zu machen, der nicht nur schön, sondern auch funktional ist. Ich liebe es, den Vögeln beim Herumfliegen zuzusehen und ihnen beim Singen zuzuhören. Manchmal nehme ich sogar ein Buch mit und lese im Garten, während ich von all der Schönheit umgeben bin, die ich geschaffen habe. **Gartenarbeit** ist meine Leidenschaft und bringt mir so viel Freude. Jeder Tag in meinem Garten ist ein guter Tag.

Eine meiner Lieblingsbeschäftigungen ist das Kochen, daher ist ein gut bestückter Kräutergarten für mich sehr **wichtig**. Thymian, Basilikum, Oregano, Rosmarin, Salbei und Lavendel sind nur einige der Kräuter, die ich gerne in meinem Garten anbaue, damit ich sie beim Kochen für mich oder für **Gäste** verwenden kann. Ein weiterer wichtiger Punkt in meinem Garten ist, dass er viel Farbe hat. Um dieses Ziel zu erreichen, baue ich eine Vielzahl von Blumen an, darunter **Rosen**, Lilien, Gänseblümchen, Tulpen, Impatiens, Ringelblumen, usw. Zusätzlich zu den Blumen, die für Farbe sorgen, verwende ich auch gerne verschiedene **Texturen** im Garten, um ihn interessanter zu gestalten.

Comprehension Questions

1. Hvor ligger forfatterens have?

2. Hvor mange høns har forfatteren?

3. Hvad laver forfatteren i haven hver dag?

4. Hvorfor kan forfatteren lide haven?

5. Hvilke urter planter forfatteren i haven?

6. Hvorfor er det vigtigt for forfatteren, at der er mange farver i hans have?

7. Hvordan skaber forfatteren variation i sin have?

8. Hvordan har forfatteren det, når han arbejder i sin have?

Fragen zum Verständnis

1. Wo befindet sich der Garten des Autors?

2. Wie viele Hühner hat der Autor?

3. Was macht der Autor jeden Tag im Garten?

4. Warum gefällt dem Autor der Garten?

5. Welche Kräuter pflanzt der Autor in seinem Garten an?

6. Warum ist es für den Autor wichtig, dass es in seinem Garten viele Farben gibt?

7. Wie bringt der Autor Abwechslung in seinen Garten?

8. Wie fühlt sich der Autor, wenn er in seinem Garten arbeitet?

På indkøb

Jeg elsker at **shoppe** i indkøbscentret. Det er altid så sjovt at gå rundt og kigge på alle de forskellige butikker. Der er noget for enhver smag i centeret, og det er altid et godt sted at finde tilbud på tøj, sko og tilbehør. Jeg **plejer at** starte min shoppingtur med at gå gennem **hovedindgangen til** centeret. Derfra går jeg først til mine yndlingsbutikker. Når jeg har kigget i disse butikker, går jeg rundt og ser, om der er udsalg andre steder. Jeg ender som regel med at bruge et par timer i centeret, før jeg endelig køber ind. Jeg kan altid godt lide at tage mig god tid, når jeg shopper, **fordi** jeg vil være sikker på, at jeg får **præcis** det, jeg ønsker. Desuden er det bare sjovere på den måde!

Jeg synes altid, det er så **fascinerende at** kigge på folk, når jeg er i indkøbscenteret. Man kan virkelig fortælle meget om en person ved at se på den måde, de handler på. Nogle mennesker er meget metodiske og tager sig god tid, mens andre bare tager **alt, hvad** de kan, og går til kassen så hurtigt som muligt. Der er også de shoppere, der virker mere interesserede i at tale i mobiltelefon eller skrive sms'er end i at se på varerne! Men uanset hvilken slags shopper du er, synes alle at nyde at shoppe i et vindue - også selv om du ikke køber noget. Der er bare noget ved at se på alle

Einkaufen gehen

Ich gehe gerne im Einkaufszentrum einkaufen. Es macht immer so viel Spaß, herumzulaufen und sich all die verschiedenen Geschäfte anzuschauen. Im Einkaufszentrum ist für jeden etwas dabei, und es ist immer ein guter Ort, um Angebote für Kleidung, Schuhe und Accessoires zu finden. **Normalerweise** beginne ich meinen Einkaufsbummel, indem ich durch den **Haupteingang** des Einkaufszentrums gehe. Von dort aus gehe ich zuerst zu meinen Lieblingsgeschäften. Nachdem ich in diesen Geschäften gestöbert habe, laufe ich herum und schaue, ob es in anderen Geschäften Sonderangebote gibt. Normalerweise verbringe ich ein paar Stunden im Einkaufszentrum, bevor ich meine Einkäufe erledige. Ich nehme mir beim Einkaufen immer gerne Zeit**, weil** ich sichergehen will, dass ich **genau** das bekomme, was ich will. Außerdem macht es auf diese Weise einfach mehr Spaß!

Ich finde es immer **faszinierend**, die Leute zu beobachten, wenn ich im Einkaufszentrum bin. An der Art und Weise, wie sie einkaufen, kann man wirklich viel über eine Person erkennen. Manche Leute gehen sehr methodisch vor und lassen sich Zeit, während andere einfach **alles zu** nehmen scheinen**, was sie kriegen** können, und so schnell wie möglich zur

de smukke ting i **butiksvinduerne, som** gør mig glad. Nogle gange fantaserer jeg om, hvordan det ville være, hvis jeg havde råd til **alt det,** jeg ser! Alt i alt er en dag i indkøbscenteret en af mine yndlingsbeskæftigelser. Det er en fantastisk måde at slappe af og slappe af på, samtidig med at man får en lille smule motion (hvis man går nok rundt). Desuden er det **altid** rart at forkæle sig selv med en ny skjorte eller et par nye sko i ny og næ!

Jeg havde haft en **lang** dag på arbejde og havde endelig lidt tid for mig selv, så jeg besluttede mig for at shoppe i centeret. Jeg havde brug for noget nyt tøj til den **kommende** sæson. Så snart jeg gik ind, så jeg alle de lyse lys og skinnende butiksfacader. Jeg gik først hen til min yndlingsbutik og begyndte at kigge i reolerne. Jeg fandt et par søde toppe og prøvede dem på i omklædningsrummet. Mens jeg så mig selv i spejlet, hørte jeg nogen komme ind i omklædningsrummet ved siden af mit. Jeg genkendte deres stemme som en af mine kolleger. Vi hilste på hinanden og begyndte at snakke om arbejdet.

Kasse gehen. Es gibt auch Leute, die mehr daran interessiert sind, mit ihrem Handy zu telefonieren oder SMS zu schreiben, als sich die Waren anzusehen! Aber egal, welche Art von Käufer man ist, jeder scheint den Schaufensterbummel zu genießen - auch wenn man nichts kauft. Der Anblick all der schönen Dinge in den **Schaufenstern** macht mich einfach glücklich. Manchmal stelle ich mir vor, wie es wäre, wenn ich mir **alles, was** ich sehe, leisten könnte! Alles in allem ist ein Einkaufstag im Einkaufszentrum eine meiner Lieblingsbeschäftigungen. Es ist eine tolle Möglichkeit, sich zu entspannen und zu relaxen und sich dabei auch noch ein bisschen zu bewegen (wenn man genug läuft). Außerdem ist es **immer** schön, sich hin und wieder ein neues Hemd oder ein Paar Schuhe zu gönnen!

Ich hatte einen **langen** Arbeitstag und endlich etwas Zeit für mich, also beschloss ich, im Einkaufszentrum einkaufen zu gehen. Ich brauchte ein paar neue Kleider für die **kommende** Saison. Sobald ich das Einkaufszentrum betrat, sah ich all die hellen Lichter und die glänzenden Schaufensterfronten. Ich ging zuerst in mein Lieblingsgeschäft und stöberte durch die Regale. Ich fand ein paar schöne Oberteile und probierte sie in der Umkleidekabine an. Als ich mich im Spiegel betrachtete, hörte ich, wie jemand in die Umkleidekabine neben mir kam. Ich erkannte die Stimme als eine meiner Kolleginnen. Wir begrüßten uns und begannen über die Arbeit zu plaudern.

Comprehension Questions

1. Hvor kan du bedst lide at opbevare dine varer?

2. Hvad er din yndlingsbutik i indkøbscenteret?

3. Hvor længe bliver du normalt i indkøbscenteret?

4. Hvad synes du om folk, der bruger meget tid i indkøbscenteret? 5. Hvad er din yndlingsaktivitet i indkøbscenteret?

6. Har du nogensinde købt noget i indkøbscentret, som du egentlig ikke havde brug for?

7. Hvordan reagerer du, når du ser noget i indkøbscentret, som du virkelig gerne vil have, men som er for dyrt?

8. Har du nogensinde set noget i indkøbscenteret og tænkt på, hvem der ville købe det?

Fragen zum Verständnis

1. Wo lagern Sie am liebsten?

2. Welches ist Ihr Lieblingsgeschäft im Einkaufszentrum?

3. Wie lange bleiben Sie normalerweise im Einkaufszentrum?

4. Was denken Sie über Menschen, die viel Zeit im Einkaufszentrum verbringen? 5. Was machst du am liebsten in einem Einkaufszentrum?

6. Haben Sie schon einmal etwas im Einkaufszentrum gekauft, obwohl Sie es nicht wirklich brauchten?

7. Wie reagieren Sie, wenn Sie im Einkaufszentrum etwas sehen, das Ihnen wirklich gefallen würde, aber zu teuer ist?

8. Haben Sie schon einmal etwas im Einkaufszentrum gesehen und sich gefragt, wer es wohl kaufen würde?

På markedet

Jeg vågner tidligt lørdag morgen og er ivrig efter at komme til **markedet,** før det bliver for overfyldt. Jeg smider noget tøj på og går ud af døren og tager mine genbrugsposer med på vejen. Mens jeg går, begynder jeg at planlægge, hvad jeg vil lave til den kommende uge. Jeg ved, at jeg vil **stege** grøntsager mindst én gang, så jeg bliver nødt til at købe grøntsager af god kvalitet. Jeg vil også lave en suppe eller gryderet, så jeg skal også købe noget kød. Jeg må se, hvad der ser godt ud, når jeg kommer derhen. Markedet ligger kun et par gader væk, og jeg kan allerede se de opstillede boder og de mange **mennesker, der er på vej** rundt.

Jeg ankommer til markedet og går direkte til grøntsagsstanden. Udvalget er smukt, og jeg fylder mine poser med en række **friske** produkter. Jeg snakker lidt med landmanden, og han anbefaler mig nogle opskrifter. Jeg glæder mig til at afprøve dem. Jeg snakker med **landmændene,** mens jeg handler, og lærer dem og deres produkter at kende. Når jeg har fået alle de grøntsager, jeg har brug for, går jeg videre til kødafdelingen. Jeg er lidt mere tøvende her, da jeg ikke er sikker på, hvad jeg vil have. Jeg beslutter mig til sidst for kylling, fordi det er alsidigt og kan bruges i en række forskellige retter. Jeg køber også et par

Auf dem Markt

Am Samstagmorgen wache ich früh auf und will unbedingt auf den **Markt**, bevor es zu voll wird. Ich ziehe mir etwas an und gehe zur Tür hinaus, wobei ich unterwegs meine wiederverwendbaren Taschen mitnehme. Auf dem Weg dorthin überlege ich, was ich in der kommenden Woche zubereiten möchte. Ich weiß, dass ich mindestens einmal Gemüse **braten** will, also muss ich gutes Gemüse kaufen. Außerdem möchte ich eine Suppe oder einen Eintopf kochen, also muss ich auch etwas Fleisch kaufen. Ich muss sehen, was gut aussieht, wenn ich dort bin. Der Markt ist nur ein paar Häuserblocks entfernt, und ich sehe schon die aufgebauten Stände und die **Menschen, die** sich dort tummeln.

Ich komme auf dem Markt an und steuere direkt auf den Gemüsestand zu. Die Auswahl ist großartig, und ich fülle meine Taschen mit einer Vielzahl von **frischen** Produkten. Ich unterhalte mich ein wenig mit dem Landwirt, und er empfiehlt mir einige Rezepte. Ich bin gespannt darauf, sie auszuprobieren. Beim Einkaufen plaudere ich mit den **Landwirten** und lerne sie und ihre Produkte kennen. Nachdem ich alles Gemüse eingekauft habe, was ich brauche, gehe ich zur Fleischabteilung. Hier bin ich etwas zögerlicher, da ich

forskellige udskæringer af kød og sørger for at få
græsfodret oksekød og fritgående **kylling**. Slagteren
var en venlig mand, der altid var glad på trods af de
lange arbejdstider. Han pakkede mine kyllingebryster og
bøffer ind, inden han snakkede med mig om sine planer
for weekenden. Jeg sagde farvel til ham og fortsatte min
vej. Jeg købte også nogle æg og ost i mejeriafdelingen.

Markedet var fyldt med mennesker, som alle var ivrige
efter at få **fingrene i** de friske råvarer og det kød, der
blev tilbudt. Luften var tyk af duft af hvidløg og løg, og
lyden af latter og samtaler fyldte luften. Jeg banede
mig vej gennem mængden og valgte de andre varer,
jeg skulle bruge til min ugentlige indkøb. Jeg fyldte min
kurv med frugt og grøntsager, pasta og brød, inden
jeg gik til kassen. Køen var lang, men den gik hurtigt.
Endelig var de sidste **varer** købt ind, og det var tid til
at tage hjem. Bilen blev læsset, og køreturen hjem
var lang og kedelig. Trafikken var tæt, og varmen var
trykkende.

mir nicht sicher bin, was ich kaufen möchte. Schließlich entscheide ich mich für Hühnerfleisch, weil es vielseitig ist und für eine Vielzahl von Gerichten verwendet werden kann. Ich kaufe auch ein paar verschiedene Fleischsorten, wobei ich darauf achte, dass ich Rindfleisch aus Weidehaltung und **Hühnerfleisch** aus Freilandhaltung kaufe. Der Metzger war ein freundlicher Mann, der trotz seiner langen Arbeitszeiten immer gut gelaunt war. Er wickelte meine Hühnerbrust und mein Steak ein und plauderte mit mir über seine Pläne fürs Wochenende. Ich verabschiedete mich von ihm und setzte meinen Weg fort. Ich kaufte auch noch ein paar Eier und Käse aus der Molkereiabteilung.

Auf dem Markt herrschte reges Treiben, und alle wollten die frischen Produkte und das Fleisch, die angeboten wurden, kaufen. Die Luft war dick mit dem Geruch von Knoblauch und Zwiebeln, und das Lachen und die Gespräche erfüllten die Luft. Ich bahnte mir einen Weg durch die Menge und suchte mir die anderen Artikel für meinen Wocheneinkauf aus. Ich füllte meinen **Korb** mit Obst und Gemüse, Nudeln und Brot, bevor ich mich auf den Weg zur Kasse machte. Die Schlange war lang, aber sie bewegte sich schnell. Schließlich waren die letzten **Lebensmittel** eingekauft, und es war Zeit, nach Hause zu fahren. Das Auto wurde beladen, und die Fahrt nach Hause war lang und mühsam. Der Verkehr war dicht, und die Hitze war drückend.

Comprehension Questions

1. Hvor skal personen hen?

2. Hvad ønsker personen at købe?

3. Hvor mange tasker har personen?

4. Hvor langt væk er markedet?

5. Hvad laver personen lige nu?

6. Hvad er alt på markedet?

7. Hvor mange mennesker er der på markedet?

8. Hvor lang tid tog det personen at købe det hele?

9. Hvordan tog personen hjem?

Fragen zum Verständnis

1. Wohin geht die Person?

2. Was möchte die Person kaufen?

3. Wie viele Taschen hat die Person?

4. Wie weit ist der Markt entfernt?

5. Was macht die Person im Moment?

6. Was ist alles auf dem Markt?

7. Wie viele Personen befinden sich auf dem Markt?

8. Wie lange hat die Person gebraucht, um alles zu kaufen?

9. Wie ist die Person nach Hause gegangen?

På en café

Det var en kølig efterårsmorgen, og jeg havde aftalt
at mødes med min veninde Lily på vores yndlingscafé
for at drikke en kop kaffe. Jeg pakkede mig varmt ind i
min frakke og mit tørklæde og tog af sted. Bladene var
ved at falde af træerne, og luften havde et lille nip i sig,
men solen skinnede, og det lovede at blive en smuk
dag. Mens jeg gik, **tænkte** jeg på, hvor godt det var
at have en veninde som Lily. Vi havde været venner
i årevis, lige siden vi mødtes på **universitetet**. Vi var
blevet knyttet sammen over vores kærlighed til kaffe og
til at snakke på caféer. Selv om vi nu boede i forskellige
dele af byen, lykkedes det os stadig at mødes til kaffe
en gang om ugen. Jeg ankom til caféen, og Lily var der
allerede og ventede på mig. Vi hilste på hinanden og
bestilte derefter vores kaffe. Vi fandt et bord ved vinduet
og satte os ned for at snakke. **Kaffen** var som altid
lækker, og det var så dejligt at snakke med Lily. Vi talte
om vores uge, vores job og vores planer for fremtiden.
Det var altid så let at tale med Lily, og jeg følte, at jeg
kunne fortælle hende alt. Efter et stykke tid begyndte
vi at blive sultne og **besluttede os for** at bestille noget
mad.

Vi **bestilte** vores mad og fandt en plads ved vinduet.
Solen skinnede ind gennem vinduet og fik alt til at føles

Im Kaffeehaus

Es war ein kühler Herbstmorgen, und ich hatte mich mit meiner Freundin Lily in unserem Lieblingscafé auf einen Kaffee verabredet. Ich wickelte mich warm in meinen Mantel und meinen Schal ein und machte mich auf den Weg. Die Blätter fielen von den Bäumen, und die Luft war etwas stickig, aber die Sonne schien, und es versprach ein schöner Tag zu werden. Während ich lief, **dachte ich** darüber nach, wie gut es war, eine Freundin wie Lily zu haben. Wir waren seit Jahren befreundet, seit wir uns an der **Universität** kennen gelernt hatten. Uns verband die Liebe zum Kaffee und zum Plaudern in Cafés. Obwohl wir inzwischen in verschiedenen Stadtteilen wohnten, trafen wir uns immer noch einmal in der Woche auf einen Kaffee. Als ich im Café ankam, war Lily schon da und wartete auf mich. Wir umarmten uns zur Begrüßung und bestellten unsere Kaffees. Wir suchten uns einen Tisch am Fenster und setzten uns, um zu plaudern. Der **Kaffee** war wie immer köstlich, und es war so schön, sich mit Lily zu unterhalten. Wir sprachen über unsere Woche, unsere Jobs und unsere Pläne für die Zukunft. Es war immer so einfach, mit Lily zu reden, und ich hatte das Gefühl, dass ich ihr alles sagen konnte. Nach einer Weile wurden wir hungrig und **beschlossen,** etwas zu essen zu bestellen.

varmt og lykkeligt. Vi sludrede, mens vi spiste vores mad og nød den simple glæde ved at være i hinandens **selskab**. Der var travlt på caféen, men det føltes ikke overfyldt. Der var en følelse af fred og tilfredshed i luften. Da vi var færdige med vores mad, sad vi et stykke tid endnu og nød den fredelige **atmosfære**. Vi talte i et stykke tid om forskellige ting, der var sket i vores liv. Det var så dejligt at snakke med min veninde og bare **slappe af**. Solen skinnede gennem vinduet, og det føltes som om **intet** kunne ødelægge vores perfekte dag.

Pludselig hørte jeg et højt brag. Jeg vendte mig om og så, at en mand var faldet gennem loftet og lå på gulvet foran os. Han var **dækket af** støv og vragrester og så ud til at være bevidstløs. Min ven og jeg var begge i chok, mens vi stirrede på manden, der lå på gulvet. Vi vidste ikke, hvad vi skulle gøre, eller hvem vi skulle ringe efter hjælp. Vi sad bare der og stirrede på ham, uden at vide, hvad vi skulle gøre. Efter et par minutter kom jeg ud af mig selv og ringede 112. Operatøren fortalte mig, at der snart ville være nogen på stedet.

Wir **bestellten** unser Essen und suchten uns einen Platz am Fenster. Die Sonne schien durch das Fenster herein und verlieh allem eine warme und fröhliche Atmosphäre. Wir unterhielten uns, während wir aßen, und genossen das einfache Vergnügen, in der **Gesellschaft** des anderen zu sein. Das Café war gut besucht, aber es fühlte sich nicht überfüllt an. Es lag ein Gefühl von Frieden und Zufriedenheit in der Luft. Als wir mit dem Essen fertig waren, saßen wir noch eine Weile und genossen die friedliche **Atmosphäre**. Wir unterhielten uns noch eine Weile über verschiedene Dinge, die in unserem Leben passiert waren. Es war so schön, sich mit meiner Freundin auszutauschen und einfach **zu entspannen**. Die Sonne schien durch das Fenster, und wir hatten das Gefühl, dass **nichts** unseren perfekten Tag stören konnte.

Plötzlich hörte ich ein lautes Krachen. Ich drehte mich um und sah, dass ein Mann durch die Decke gefallen war und vor uns auf dem Boden lag. Er war mit Staub und Trümmern **bedeckt** und schien bewusstlos zu sein. Mein Freund und ich standen beide unter Schock und starrten auf den Mann, der auf dem Boden lag. Wir wussten nicht, was wir tun oder wen wir um Hilfe bitten sollten. Wir saßen einfach da und starrten ihn an, ohne zu wissen, was wir tun sollten. Nach ein paar Minuten riss ich mich zusammen und rief 911 an. Die Telefonistin sagte mir, dass bald jemand da sein würde.

Comprehension Questions

1. Hvor kommer manden, der falder gennem taget, fra?

2. Hvorfor er kvinden sammen med sin veninde på caféen?

3. Hvad er de to venners yndlingscafé?

4. Hvor længe har de to venner kendt hinanden?

5. Hvad er de to venners yndlingsdrink?

6. I hvilken by bor de to venner?

7. Hvor ofte mødes de to venner?

8. Hvad taler de to venner om, da de mødes første gang på deres yndlingscafé?

9. Hvad er de to venners yndlingsmad?

Fragen zum Verständnis

1. Woher kommt der Mann, der durch das Dach fällt?

2. Warum ist die Frau mit ihrer Freundin im Café?

3. Welches ist das Lieblingscafé der beiden Freunde?

4. Wie lange kennen sich die beiden Freunde schon?

5. Was ist das Lieblingsgetränk der beiden Freunde?

6. In welcher Stadt leben die beiden Freunde?

7. Wie oft treffen sich die beiden Freunde?

8. Worüber sprechen die beiden Freunde, als sie sich zum ersten Mal in ihrem Lieblingscafé treffen?

9. Was ist das Lieblingsessen der beiden Freunde?

Svømning

Poolen var altid et **forfriskende** sted at være, og i dag var det ikke anderledes. Solen skinnede, og vandet så indbydende ud. Jeg tog en dyb indånding og dykkede i vandet og følte vandets kølige favntag. Jeg svømmede omgange i et stykke tid og nød motionen og chancen for at få renset mit hoved. Efter et stykke tid kom jeg ud og tørrede mig, hvorefter jeg satte mig på et håndklæde for at slappe af i solen. Jeg lukkede øjnene og lod **varmen** skyllede ind over mig og mærkede, hvordan mine muskler begyndte at slappe af. Pludselig hørte jeg et plask og åbnede øjnene for at se min lillesøster **padle** rundt i den lave ende. Jeg smilede og betragtede hende et stykke tid, så rejste jeg mig op og gik hen til hende. Vi sludrede lidt og padlede rundt sammen og nød hinandens selskab. Snart sluttede vores forældre sig til os, og vi tilbragte resten af eftermiddagen med at svømme og spille spil sammen. Det var altid så dejligt at tilbringe tid med familien i poolen. Der er **noget** ved at være i vandet, der bare synes at bringe folk sammen. Måske er det fordi vi alle er lige, når vi er i vandet - vi kan ikke skjule vores fejl eller lade som om, vi er noget, vi ikke er. Eller måske er det bare fordi det er sjovt! **Uanset hvad** grunden er, var jeg bare glad for, at vi alle kunne mødes og nyde hinandens selskab på et så specielt sted.

Schwimmen gehen

Der Pool war immer ein **erfrischender** Ort, und heute war es nicht anders. Die Sonne schien und das Wasser sah einladend aus. Ich holte tief Luft, tauchte ein und spürte die kühle Umarmung des Wassers. Ich schwamm eine Weile meine Runden, genoss die Bewegung und die Möglichkeit, den Kopf frei zu bekommen. Nach einer Weile stieg ich aus dem Wasser und trocknete mich ab, dann setzte ich mich auf ein Handtuch, um mich in der Sonne zu entspannen. Ich schloss die Augen und ließ die **Wärme** über mich ergehen, während sich meine Muskeln zu entspannen begannen. Plötzlich hörte ich ein Plätschern und öffnete die Augen, um meine kleine Schwester zu sehen, **die** im flachen Wasser herumplanschte. Ich lächelte und sah ihr eine Weile zu, dann stand ich auf und ging zu ihr hinüber. Wir unterhielten uns eine Weile, paddelten zusammen und genossen die Gesellschaft des anderen. Bald gesellten sich unsere Eltern zu uns, und wir verbrachten den Rest des Nachmittags mit Schwimmen und gemeinsamen Spielen. Es war immer schön, Zeit mit der Familie im Schwimmbad zu verbringen. **Der** Aufenthalt im Wasser scheint die Menschen zusammenzubringen. Vielleicht liegt es daran, dass wir alle gleich sind, wenn wir im Wasser sind - wir können unsere Schwächen nicht verstecken

Solen stod ned på min hud, og luften lugtede af klorin. Jeg kunne høre lyden af børn, der grinede og plaskede rundt i poolen. Jeg lå på en liggestol ved siden af poolen og nød solen og **nød** dagen. Jeg havde lukket øjnene og var lige ved at falde i søvn, da jeg hørte nogen komme hen til mig. Jeg åbnede mine øjne og så en kvinde stå ved siden af mig. Hun var iført en bikini og havde et håndklæde viklet rundt om livet. Hun havde langt blondt hår og blå øjne. Hun holdt en flaske **solcreme i** hånden. "Har du noget imod, at jeg smører noget solcreme på din ryg?" spurgte hun. "Nej, det er helt fint," sagde jeg og satte mig op, så hun kunne nå min ryg. Jeg mærkede hendes hænder på min hud, da hun påførte solcremen.

oder vorgeben, etwas zu sein, was wir nicht sind. Oder vielleicht liegt es einfach daran, dass es Spaß macht! **Was auch immer** der Grund ist, ich war einfach froh, dass wir alle zusammenkommen und die Gesellschaft des anderen an einem so besonderen Ort genießen konnten.

Die Sonne brannte auf meine Haut und der Geruch von Chlor lag in der Luft. Ich hörte das Lachen der Kinder, die im Pool planschten. Ich lag auf einem Liegestuhl neben dem Pool, genoss die Sonne und **den** Tag. Ich hatte meine Augen geschlossen und wollte gerade einschlafen, als ich hörte, wie jemand auf mich zukam. Ich öffnete meine Augen und sah eine Frau neben mir stehen. Sie trug einen Bikini und hatte sich ein Handtuch um die Taille geschlungen. Sie hatte langes blondes Haar und blaue Augen. In der Hand hielt sie ein Fläschchen mit **Sonnenschutzmittel**. "Stört es Sie, wenn ich Ihnen den Rücken eincreme?", fragte sie. "Nein, das ist in Ordnung", sagte ich und setzte mich auf, damit sie meinen Rücken erreichen konnte. Ich spürte ihre Hände auf meiner Haut, als sie das Sonnenschutzmittel auftrug.

Comprehension Questions

1. Hvor befandt fortælleren sig, da han begyndte historien?

2. Hvad lugter fortælleren, når han åbner øjnene?

3. Hvad hører fortælleren, da han åbner øjnene?

4. Hvis solcreme giver kvinden fortælleren?

5. Hvad drømmer fortælleren om?

6. Hvorfor er det så specielt for fortælleren at svømme i havet?

7.Hvordan føles det vand, som fortælleren svømmer i?

Fragen zum Verständnis

1. Wo war der Erzähler, als er die Geschichte begann?

2. Was riecht der Erzähler, wenn er seine Augen öffnet?

3. Was hört der Erzähler, als er seine Augen öffnet?

4. Wem gehört die Sonnencreme, die die Frau dem Erzähler gibt?

5. Wovon träumt der Erzähler?

6. Warum ist das Schwimmen im Meer für den Erzähler so besonders?

7. wie fühlt sich das Wasser an, in dem der Erzähler schwimmt?

Slåning af græsplænen

Klokken er 10 om morgenen en **lørdag om** sommeren, og solen skinner allerede ubarmhjertigt ned. Du går ud i garagen for at hente plæneklipperen og føler, at du er **dømt** til hårdt arbejde. Du begynder at slå græsplænen og sørger for at køre stille og roligt, så du ikke overser nogen steder. Mens du slår græsplænen, tænker du på, hvor godt det føles at være udenfor i den friske luft. Da du begynder at skubbe plæneklipperen frem og tilbage over plænen, ser du din nabo i **øjenkrogen**. Du vinker og siger hej, og han vinker tilbage.

Efter et par minutter er du færdig, og du går over til din nabo for at drikke en øl med ham i forhaven. Det er en **perfekt** dag - ikke for varmt, og der blæser en let brise. Du sidder i træets skygge og drikker din øl og snakker med din nabo. Det er dage som disse, der får dig til at sætte pris på sommeren. Så **går** man indenfor og får sig en velfortjent øl. Du falder ned i en stol på verandaen og åbner dåsen og udstøder et tilfreds suk. Lyden af plæneklipperen forsvinder i baggrunden, mens du slapper af i skyggen og nyder øjeblikkets **fred.** Øllen smager ekstra godt efter alt det hårde arbejde i varmen. Jeg var ved at gå indenfor, da jeg hørte en lyd ved

Den Rasen mähen

Es ist 10 Uhr morgens an einem **Sommersamstag**, und die Sonne brennt bereits erbarmungslos auf die Erde. Sie stapfen in die Garage, um den Rasenmäher zu holen, und haben das Gefühl, dass Sie zu harter Arbeit **verurteilt werden**. Du fängst an, den Rasen zu mähen, wobei du darauf achtest, dass du schön langsam vorgehst, damit du keine Stelle übersiehst. Während du mähst, denkst du daran, wie gut es sich anfühlt, draußen an der frischen Luft zu sein. Als du den Rasenmäher hin und her schiebst, siehst du aus dem **Augenwinkel** deinen Nachbarn. Sie winken und grüßen, und er winkt zurück.

Nach ein paar Minuten sind Sie fertig und gehen zum Haus Ihres Nachbarn, um mit ihm im Vorgarten ein Bier zu trinken. Es ist ein **perfekter** Tag - nicht zu heiß, und es weht eine leichte Brise. Sie sitzen im Schatten des Baumes, nippen an Ihrem Bier und unterhalten sich mit Ihrem Nachbarn. Es sind Tage wie dieser, an denen man den Sommer zu schätzen weiß. Dann **gehen Sie** ins Haus, um ein wohlverdientes Bier zu trinken. Sie lassen sich in einen Stuhl auf der Veranda fallen, öffnen die Dose und lassen einen zufriedenen

siden af.

Det **lød,** som om nogen græd. Jeg stoppede med at slå græs og gik hen til hegnet, der adskilte vores haver. Jeg kiggede over og så min nabo, Mrs. Johnson, grædende på sin gynge på verandaen. Jeg råbte til hende, men hun hørte mig ikke. Jeg klatrede over hegnet og gik hen til hende. "Mrs. Johnson, er du okay?" spurgte jeg. Hun kiggede op på mig med tårer i øjnene og rystede på hovedet. "Nej, jeg er ikke okay," sagde hun. "Min kat døde i går." Jeg var chokeret. Jeg vidste ikke, hvad jeg skulle sige. Jeg stod bare akavet der og vidste ikke, hvad jeg skulle gøre. Til sidst lagde jeg min hånd på hendes **skulder** og sagde: "Det er jeg ked af, fru Johnson. Hvis der er noget, jeg kan gøre for at hjælpe, så sig til. " Hun rystede på hovedet og sagde: "Nej, der er **ikke noget,** nogen kan gøre." Så rejste hun sig op og gik ind i sit hus. Jeg stod der et øjeblik og vidste ikke, hvad jeg skulle gøre. Så gik jeg tilbage til at slå min græsplæne. Da jeg blev færdig, kunne jeg ikke lade være med at tænke på fru Johnson og hendes kat.

Seufzer los. Das Geräusch des Rasenmähers tritt in den Hintergrund, während du dich im Schatten entspannst und die **Ruhe** des Augenblicks genießt. Das Bier schmeckt besonders gut nach all der harten Arbeit in der Hitze. Ich wollte gerade ins Haus gehen, als ich nebenan ein Geräusch hörte.

Es **hörte sich an**, als ob jemand weinen würde. Ich hörte auf zu mähen und ging zu dem Zaun, der unsere Gärten trennte. Ich spähte hinüber und sah meine Nachbarin, Mrs. Johnson, weinend auf ihrer Verandaschaukel. Ich rief nach ihr, aber sie hörte mich nicht. Ich kletterte über den Zaun und ging zu ihr hinüber. "Mrs. Johnson, geht es Ihnen gut?" fragte ich. Sie schaute mich mit Tränen in den Augen an und schüttelte den Kopf. "Nein, mir geht es nicht gut", sagte sie. "Meine Katze ist gestern gestorben." Ich war schockiert. Ich wußte nicht, was ich sagen sollte. Ich stand nur unbeholfen da und wusste nicht, was ich tun sollte. Schließlich legte ich ihr die Hand auf die **Schulter** und sagte: "Es tut mir so leid, Mrs. Johnson. Wenn ich Ihnen irgendwie helfen kann, lassen Sie es mich bitte wissen. "Sie schüttelte den Kopf und sagte: "Nein, es gibt **nichts**, was man tun könnte." Dann stand sie auf und ging in ihr Haus. Ich stand einen Moment lang da und wusste nicht, was ich tun sollte. Dann mähte ich wieder meinen Rasen. Als ich fertig war, musste ich unweigerlich an Frau Johnson und ihre Katze denken.

Comprehension Questions

1. Hvad er klokken?

2. Hvor er den person, der slår græs?

3. Hvordan har personen det?

4. Hvorfor skal personen klippe langsomt?

5. Hvilken slags vejr er det?

6. Hvad laver personen efter græsslåningen?

7. Hvad hører personen, før han går hjem?

8. Hvem er sammen med fru Johnson?

9. Hvorfor græder fru Johnson?

10. Hvad siger personen til fru Johnson?

Fragen zum Verständnis

1. Wie spät ist es?

2. Wo mäht die Person?

3. Wie fühlt sich die Person?

4. Warum muss die Person langsam mähen?

5. Was für ein Wetter ist es?

6. Was macht die Person nach dem Mähen?

7. Was hört die Person, bevor sie nach Hause geht?

8. Wer ist bei Mrs. Johnson?

9. Warum weint Mrs. Johnson?

10. Was sagt die Person zu Frau Johnson?

Få en klipning

Jeg havde i ugevis haft lyst til at blive klippet, men på en eller anden måde havde jeg altid udskudt det. Men da **julen stod for** døren, vidste jeg, at jeg ikke kunne udsætte det længere. Jeg ville ikke møde op til familiens julemiddag og ligne et sjusket rod. Så tidligt julemorgen tog jeg til salonen. Selv om det var tidligt, var salonen allerede optaget af andre mennesker, der **fik** ordnet deres hår i anledning af julen. Jeg satte mig i køen og ventede på min tur. Endelig var det min tur til at sætte mig i stolen. Stylisten, en venlig kvinde ved navn Jill, spurgte mig, hvad jeg ville have. "Bare en trimning, ikke noget drastisk," svarede jeg. Jill gik i gang og klippede mit hår. Mens hun arbejdede, begyndte jeg at slappe af. Det føltes godt at jeg endelig tog mig af mig selv. Jeg havde haft så travlt på det seneste med at løbe rundt og tage mig af alle andre, at jeg havde ladet mine egne behov gå i glemmebogen. Men ikke **længere**. Fra nu af ville jeg tage mig tid til mig selv.

Da Jill var færdig, kiggede jeg mig i spejlet og var tilfreds med det, jeg så. Mit hår så pænt og poleret ud - perfekt til feriesamtaler. Jeg **takkede** Jill og skrev

Zum Haareschneiden gehen

Ich wollte mir schon seit Wochen die Haare schneiden lassen, aber irgendwie habe ich es immer wieder aufgeschoben. Aber da **Weihnachten vor der** Tür stand, wusste ich, dass ich es nicht länger aufschieben konnte. Ich wollte beim Weihnachtsessen meiner Familie nicht wie ein schmuddeliges Häufchen Elend dastehen. Also machte ich mich am frühen Weihnachtsmorgen auf den Weg zum Friseur. Obwohl es noch früh war, war der Salon schon voll mit anderen Leuten, **die sich** für die Feiertage die Haare machen ließen. Ich nahm meinen Platz in der Schlange ein und wartete, bis ich an der Reihe war. Endlich war ich mit dem Stuhl dran. Die Friseurin, eine freundliche Frau namens Jill, fragte mich, was ich wollte. "Nur einen Trimmschnitt, nichts allzu Drastisches", antwortete ich. Jill machte sich an die Arbeit und schnippelte an meinem Haar herum. Während sie arbeitete, begann ich mich zu entspannen. Es war ein gutes Gefühl, mich endlich um mich selbst zu kümmern. In letzter Zeit war ich so sehr damit beschäftigt gewesen, mich um alle anderen zu kümmern, dass ich meine eigenen Bedürfnisse vernachlässigt hatte. Aber das war **vorbei**.

en **mental** note om at komme tilbage oftere. Fra nu af vil jeg først og fremmest tage mig af mig selv. Hun gik i gang med at klippe mit hår. Jeg tænkte på, hvor taknemmelig jeg var for, at jeg endelig havde fået tid til at blive klippet. Det føltes godt at vide, at jeg ville se præsentabel ud til **julemiddagen**. Jeg ville ikke længere skulle bekymre mig om, at min familie ville drille mig med mit "sjuskede" udseende. Efter et par minutter var stylisten færdig med at klippe mit hår og gav mig en hurtig føntørring. Jeg kiggede mig i spejlet og var tilfreds med det, jeg så - et rent og pænt look, som ville være perfekt til julemiddagen. Nu hvor min klipning var overstået, kunne jeg koncentrere mig om at nyde ferien med min familie. Og det var jeg endnu mere taknemmelig for.

Von nun an wollte ich mir Zeit für mich nehmen.

Als Jill fertig war, schaute ich in den Spiegel und war mit dem, was ich sah, zufrieden. Mein Haar sah ordentlich und glänzend aus - perfekt für Festtagsfeiern. Ich **bedankte mich bei** Jill und nahm **mir vor, öfter wiederzukommen.** Von nun an werde ich mich in erster Linie um mich selbst kümmern. Sie machte sich an die Arbeit und schnippelte an meinem Haar herum. Ich dachte darüber nach, wie dankbar ich war, dass ich endlich dazu gekommen war, mir die Haare schneiden zu lassen. Es war ein gutes Gefühl zu wissen, dass ich zum **Weihnachtsessen** vorzeigbar aussehen würde. Ich würde mir keine Sorgen mehr machen müssen, dass meine Familie mich wegen meines "ungepflegten" Aussehens hänseln würde. Nach ein paar Minuten war der Friseur mit dem Schneiden meiner Haare fertig und föhnte sie kurz. Ich schaute in den Spiegel und war zufrieden mit dem, was ich sah - ein gepflegtes Aussehen, das perfekt für das Weihnachtsessen sein würde. Jetzt, da der Haarschnitt erledigt war, konnte ich mich darauf konzentrieren, die Feiertage mit meiner Familie zu genießen. Und dafür war ich umso dankbarer.

Comprehension Questions

1. Hvad skulle hovedpersonen gøre inden jul?

2. Hvordan havde hovedpersonen det med at tage sig af sig selv?

3. Hvem klippede hovedpersonens hår?

4. Hvorfor ville hovedpersonens familie drille hende?

5. Hvordan følte hovedpersonen sig efter at have fået klippet sit hår?

6. Hvad gjorde hovedpersonen efter at have fået klippet sit hår?

7. Hvad var hovedpersonens families reaktion på hendes klipning?

8. Hvad lavede hovedpersonen juleaften?

Fragen zum Verständnis

1. Was musste der Protagonist vor Weihnachten tun?

2. Wie hat sich die Protagonistin gefühlt, als sie für sich selbst sorgte?

3. Wer hat dem Protagonisten die Haare gestutzt?

4. Warum wollte die Familie der Protagonistin sie hänseln?

5. Wie hat sich die Protagonistin gefühlt, nachdem sie ihren Haarschnitt bekommen hat?

6. Was hat die Protagonistin getan, nachdem sie sich die Haare schneiden ließ?

7. Wie hat die Familie der Protagonistin auf ihren Haarschnitt reagiert?

8. Was hat der Protagonist an Heiligabend gemacht?

Parken

Solen var ved at gå ned, og parken var tom. Jeg sad på bænken og ventede på min **ven**. Vi havde planlagt at mødes her for en time siden, men hun kom altid for sent. Lige da jeg var ved at give op og gå hjem, så jeg hende løbe hen imod mig.

"Jeg er så ked af det," gispede hun, da hun nåede frem til bænken. "Mit tog blev **forsinket**."

"Det er i orden," sagde jeg **tilgivende**. "Jeg er selv lige kommet."

Vi satte os ned og snakkede lidt og fik snakket lidt om hinandens liv, siden vi sidst mødtes. Samtalen flød **let,** og det føltes, som om der slet ikke var gået nogen tid, siden vi sidst så hinanden. Da solen gik ned, tog vi afsked og gik hver til sit. Næste gang vi mødtes, var det i en anden park. Igen var hun sent på den, men det gjorde mig ikke noget. Det var rart at have nogen at tale med, som **forstod** mig. Vi talte om vores drømme og **ambitioner,** om ting, vi ville gøre med vores liv. Hun fortalte mig om sine planer om at rejse rundt i verden, og jeg delte min drøm om at blive forfatter. Da solen gik ned på endnu en dag, sagde vi farvel endnu en gang og lovede at holde kontakten denne gang.

Årene gik, og vores **venskab** var fortsat stærkt, selv om vi nu boede i forskellige dele af landet. Vi

Im Park

Die Sonne ging gerade unter, und der Park war leer. Ich saß auf der Bank und wartete auf meine **Freundin**. Wir hatten uns vor einer Stunde hier verabredet, aber sie kam immer zu spät. Gerade als ich aufgeben und nach Hause gehen wollte, sah ich sie auf mich zulaufen.
"Es tut mir so leid", keuchte sie, als sie die Bank erreichte. "Mein Zug **hatte Verspätung**."
"Ist schon gut", sagte ich **verzeihend**. "Ich bin auch gerade erst gekommen."
Wir setzten uns hin und unterhielten uns eine Weile, wobei wir uns über das Leben des jeweils anderen unterhielten, seit wir uns das letzte Mal gesehen hatten. Die Unterhaltung verlief **mühelos**, und es kam uns vor, als sei seit unserer letzten Begegnung überhaupt keine Zeit vergangen. Als die Sonne unterging, verabschiedeten wir uns und gingen unsere eigenen Wege. Das nächste Mal, als wir uns trafen, war es in einem anderen Park. Wieder war sie spät dran, aber das machte mir nichts aus. Es war schön, jemanden zum Reden zu haben, der mich **verstand**. Wir sprachen über unsere Träume und **Hoffnungen**, über die Dinge, die wir in unserem Leben tun wollten. Sie erzählte mir von ihren Plänen, die Welt zu bereisen, und ich erzählte von meinem Traum, Schriftstellerin zu werden. Als die Sonne an einem anderen Tag unterging,

holdt kontakten gennem breve og lejlighedsvise telefonopkald, hvor vi delte nyheder om vores liv med hinanden. Da hun meddelte, at hun skulle giftes, blev jeg ikke **overrasket** - hun havde altid været den **eventyrlystne** type. Men da hun spurgte mig, om jeg ville være hendes brudepige ved hendes bryllupsceremoni, der fandt sted på den anden side af jorden fra hvor jeg boede... det krævede noget overtalelse! I sidste ende kunne jeg dog ikke lade min bedste veninde blive gift uden mig ved hendes side, så på trods af min frygt (og efter mange bønner fra hende!) **gik** jeg med til at tage med på det, der viste sig at blive et af sit livs **eventyr.**

Bryllupsdagen kom endelig. Jeg var nervøs, men spændt på at være en del af et så vigtigt øjeblik i min venindes liv. Ceremonien var smuk, og hun så glad ud, da hun afgav sine løfter. **Bagefter** fejrede vi det med en stor fest - det virkede som om alle, hun kendte, var kommet for at fejre med hende!

verabschiedeten wir uns noch einmal und versprachen, diesmal in Kontakt zu bleiben.

Die Jahre vergingen, und unsere **Freundschaft** blieb bestehen, obwohl wir jetzt in verschiedenen Teilen des Landes lebten. Wir hielten den Kontakt durch Briefe und gelegentliche Telefonate aufrecht und teilten uns gegenseitig die Neuigkeiten aus unserem Leben mit. Als sie ankündigte, dass sie heiraten würde, war ich nicht **überrascht** - sie war schon immer der **abenteuerlustige** Typ gewesen. Aber als sie mich fragte, ob ich ihre Trauzeugin bei ihrer Hochzeitsfeier sein würde, die am anderen Ende der Welt stattfand, musste ich sie erst einmal überzeugen! Letztendlich konnte ich jedoch nicht zulassen, dass meine beste Freundin ohne mich an ihrer Seite heiratet, und so **stimmte** ich trotz meiner Befürchtungen (und nach langem Bitten ihrerseits!) zu, das **Abenteuer** meines Lebens mitzumachen.

Endlich war der Tag der **Hochzeit** gekommen. Ich war nervös, aber auch aufgeregt, bei einem so wichtigen Moment im Leben meiner Freundin dabei zu sein. Die Zeremonie war wunderschön, und sie sah glücklich aus, als sie ihr Gelübde ablegte. **Danach** feierten wir mit einer großen Party - es schien, als ob jeder, den sie kannte, gekommen war, um mit ihr zu feiern!

Comprehension Questions

1. Hvor mødtes forfatteren og hendes veninde første gang?

2. Hvorfor kom forfatterens ven for sent til deres møde?

3. Hvad talte vennerne om, da de mødtes igen flere år senere?

4. Hvordan havde forfatteren det med at deltage i sin venindes bryllupsceremoni?

5. Beskriv rammerne for bryllupsceremonien.

6. Hvordan har venskabet mellem de to kvinder ændret sig med tiden?

7. Hvad er forfatterens drøm?

8. Hvor vil forfatterens ven rejse hen?

Fragen zum Verständnis

1. Wo haben sich die Autorin und ihr Freund zum ersten Mal getroffen?

2. Warum kam der Freund des Autors zu spät zu ihrem Treffen?

3. Worüber sprachen die Freunde, als sie sich Jahre später wieder trafen?

4. Wie hat sich die Autorin gefühlt, als sie an der Hochzeit ihrer Freundin teilnahm?

5. Beschreiben Sie den Rahmen der Hochzeitszeremonie.

6. Wie hat sich die Freundschaft zwischen den beiden Frauen im Laufe der Zeit verändert?

7. Was ist der Traum des Autors?

8. Wohin plant der Freund des Autors zu reisen?

www.ingramcontent.com/pod-product-compliance
Lightning Source LLC
Chambersburg PA
CBHW061535120726
48001CB00004B/1551